STRASBOURG
ET LA ROUTE DES VINS

ysersberg

D'îles en Ill, Strasbourg, bellissime capitale alsacienne et européenne, saura vous conquérir en un clin d'œil. Puis, à un battement d'ailes de cigogne, l'ondulante route des vins vous entraînera dans un sublime océan de vignes, où l'on s'échoue avec bonheur dans des villages de conte de fées blottis au creux des vallons. Le plus beau *road trip* d'Alsace !

Pour en saisir toute la magie, il faudra prendre son temps, crapahuter à pied ou à vélo sur ses sentiers caillouteux, traquer les colombages dans ses ruelles hors du temps et entrer dans la cour de ses mille vignerons, affairés depuis des siècles à bichonner des vins d'exception.

On s'arrachera non sans mal de ce jardin d'Éden pour épicuriens, bien décidé à nous retenir avec son sens de la fête, ses merveilleuses couleurs d'automne et sa féerie de Noël !

LES INCONTOURNABLES

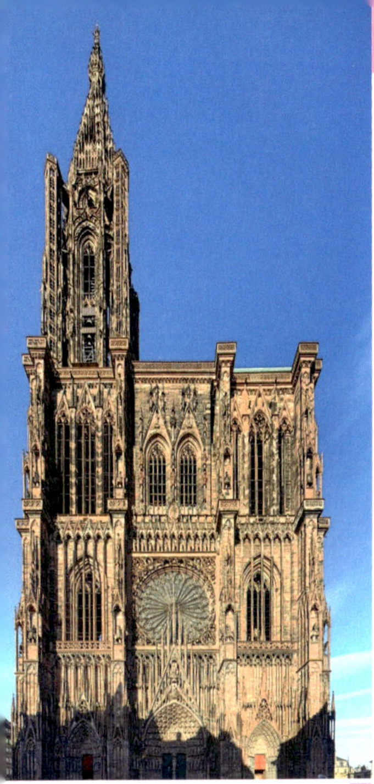

Cathédrale Notre-Dame (Strasbourg)

Sa flèche haute de 142 m et sa façade rose illuminée pendant les nuits d'été suffiraient amplement à établir sa grandeur. Et pourtant, entre autres merveilles, il faut aussi mentionner la finesse de sa nef, son magnétique pilier des Anges, son horloge astronomique… Une impression de vertige ! Voir p. 22.

Petite France (Strasbourg)

La splendide cité rhénane dévoile ici sa plus jolie carte postale, d'un romantisme fou avec ses colombages, ses quais et ses canaux ! Miraculeusement préservé, l'ancien quartier des tanneurs, des meuniers et des pêcheurs est aussi le plus visité. Foulez ses petits pavés à l'aube ou au crépuscule ! Voir p. 43.

Musée d'Art moderne et contemporain (Strasbourg)

Strasbourg est une capitale culturelle bien dans son époque. La preuve avec ce vibrant musée, où les œuvres de Gustave Doré, Monet, Kandinsky et Picasso se frottent aux trublions de l'art contemporain. De la terrasse de son café design, on cueille une vue au top sur la Petite France et la flèche de la cathédrale. Voir p. 44.

Château du Haut-Kœnigsbourg

Érigée dans un site incroyable avec vue époustouflante sur toute l'Alsace, l'immense forteresse vous catapulte dans le château fort médiéval idéal. Une icône alsacienne tout droit sortie d'un rêve de l'empereur Guillaume II, passionné de Moyen Âge et de chevalerie, qui fascinera petits et grands. Voir p. 110.

Riquewihr

On croirait pénétrer dans une gravure vivante de Hansi… Remparts, ruelles pavées pour un ensemble exceptionnel de maisons à colombages débordant de géraniums en été, Riquewihr incarne le village d'Alsace par excellence. Et pour ne rien gâcher, son sentier viticole est sublime. Voir p. 121.

Kaysersberg

Avec ses airs de village en pain d'épice, Kaysersberg, c'est le coup de cœur assuré ! Piquetée de boutiques d'artisans et de restaurants, la ravissante petite cité typiquement alsacienne prête ses ruelles à d'agréables flâneries, et son château impérial à une vivifiante échappée sur les hauteurs. Voir p. 124.

Musée Unterlinden (Colmar)

Des mosaïques romaines aux audaces contemporaines, le « Louvre alsacien » dévoile une foisonnante collection d'art. Dans la ronde étourdissante des chefs-d'œuvre du Moyen Âge et de la Renaissance rhénane, le splendide retable d'Issenheim vaut à lui seul la visite. Voir p. 136.

Maisons Renaissance du vieux Colmar

Dans le dédale de ses ruelles anciennes, la plus alsacienne des villes alsaciennes collectionne de somptueuses demeures Renaissance aux oriels sculptés (fenêtres en saillie). Autant de petites merveilles à admirer, reflets de l'enrichissement de la ville grâce au négoce du vin. Voir p. 140.

Petite Venise (Colmar)

La star de Colmar ! Avec ou sans la foule (il faudra se lever tôt !), impossible de ne pas tomber sous le charme de l'ancien quartier des pêcheurs et des bateliers, où les maisons à colombages se mirent dans les eaux de la Lauch et des canaux. La Petite Venise alsacienne se découvre aussi en barque. Voir p. 142.

Eguisheim

Si on tourne en rond à Eguisheim ce n'est pas seulement à cause des ruelles qui s'enroulent en cercles concentriques. Son architecture unique donne envie de passer et de repasser devant ses adorables maisons aux couleurs de bonbons. Une petite beauté labellisée « Plus Beaux Villages de France ». Voir p. 150.

Écomusée d'Alsace

Le plus grand musée vivant à ciel ouvert de France, ça ne se refuse pas ! Dédié aux arts et traditions populaires d'Alsace, ce village réunit quelques-uns des plus beaux échantillons de l'habitat rural alsacien : maisons à colombages, fermes, école et ateliers animés par de vrais artisans. Voir p. 153.

Parc de Wesserling

Marquée par deux siècles d'activité textile, l'ancienne manufacture royale de Wesserling essaime une collection unique de bâtiments industriels, un musée vivant du textile et de somptueux jardins classés « Jardin remarquable ». Un lieu à part, aussi passionnant que surprenant. Voir p. 155.

EXPÉRIENCES UNIQUES

Boire l'apéro sur l'eau

Embarquez sur un petit bateau électrique et partez en virée sur les eaux de l'Ill avec votre panier apéro cueilli chez *Captain Bretzel*. Voir défiler Strasbourg en trinquant et en picorant saucisson, tomates cerises et bretzels, difficile de faire plus convivial ! Voir p. 81.

Goûter le baeckeoffe, le presskopf...

... ou une bonne choucroute, entre nappes à carreaux et chaises percées de cœurs, dans la chaleur réconfortante d'une winstub traditionnelle. Toutes les roboratives spécialités alsaciennes se dégustent ici ! Voir p. 59.

Vendanger un jour

À l'automne, lorsque les raisins sont mûrs et prêts à être cueillis, c'est l'effervescence dans le vignoble ! Enfilez votre costume de vendangeur le temps d'une demi-journée et offrez-vous une parenthèse joyeuse entre cueillette et casse-croûte au milieu des vignes. Voir encadré p. 105.

Prendre un bain à la vigne rouge...

... s'offrir un gommage aux pépins de raisin broyés ou se faire envelopper de marc de raisin : au spa d'Ottrott, on se fait chouchouter à la mode alsacienne avec des soins imprégnés de vinothérapie. Moment de pur délice dans le sauna bretzel, embaumant la bonne odeur du pain cuit. Voir p. 103.

Écouter le craquètement des cigognes

Sauvée de l'extinction, la mascotte porte-bonheur de la région a de nouveau emménagé sur les toits alsaciens. Vous aurez la chance d'en voir beaucoup, sur leur nid, en plein vol ou dans l'un des enclos et parcs qui ont servi à leur réintroduction. Voir encadré p. 109.

Vivre la magie de Noël

Une tradition alsacienne à vivre au moins une fois ! Sur fond de clochettes et de grelots, des lumières scintillantes plein les yeux et des parfums de cannelle plein les narines, arpentez les plus beaux marchés de Noël et mettez tous vos sens en éveil ! Voir p. 148.

NOS ADRESSES COUPS DE CŒUR

Adresses gourmandes, bars branchés ou intimistes, boutiques originales, voici la sélection 100 % alsacienne de notre auteure, Natasha Penot.

Jeannette et les Cycleux

Un spot ultrachouette en plein cœur de la Grande Île, pour grignoter, boire un chocolat chaud en journée ou un verre en soirée.

Voir p. 34, Strasbourg (Grande Île).

Le Générateur

Dans un petit bout de rue un brin branché, une boutique où j'aime m'arrêter, vitrine de la jeune création locale, pour dégoter une foule de jolis objets.

Voir p. 60, Strasbourg (Krutenau).

Œnosphère

Un caviste bar à vins un peu caché dans le quartier de la Krutenau que je recommande pour faire des découvertes originales.

Voir p. 61, Strasbourg (Krutenau).

L'Acoustic (Sélestat)

La Petite Manufacture des Rêves

On retombe instantanément en enfance dans cette merveilleuse petite boutique peuplée de casse-noisettes et de jouets en bois. De l'artisanat authentique, local et de bon goût : j'adore.

Voir p. 101, Obernai.

Maison Ferber (Niedermorschwihr)

L'Acoustic

De bons petits plats et une terrasse délicieuse sur une place au charme fou avec ses façades peintes et son arbre penché sur un puits en grès rose. On a vraiment envie de s'attarder…

Voir p. 107, Sélestat.

La Petite Ferme Riedwasen

Entrer dans cette épicerie débordante de produits locaux, c'est comme ouvrir le grand placard de la cuisine alsacienne. Il faut s'y arrêter pour une petite planchette et un verre de vin en terrasse.

Voir p. 112, Sélestat.

Au Péché Mignon

Certes le nom ne fait pas rêver, mais attendez d'avoir plongé votre cuillère dans cette pâtisserie exquise de légèreté qu'est le brie au kirsch… Un petit trésor sucré qu'on ne trouve qu'ici !

Voir p. 123, Kaysersberg.

La Petite Ferme Riedwasen (Sélestat)

Maison Ferber

Mon prétexte gourmand pour aller dans l'adorable village de Niedermorschwihr ? Les merveilleuses confitures de Christine Ferber !

Voir p. 132, Niedermorschwihr.

Se repérer

Chaque adresse est associée à une pastille de couleur numérotée :

- jaune pour les restaurants,
- violette pour les lieux de sortie,
- rose pour les boutiques.

Toutes les adresses sont positionnées sur les plans.

UN GRAND WEEK-END SUR MESURE

Voici trois idées de week-end pour sillonner la mythique route des vins et voir l'essentiel de ce riche coin d'Alsace : l'un au départ de Strasbourg, l'autre au départ de Colmar, et un dernier sans voiture, entre visites culturelles, dégustations dans les caves, découvertes gastronomiques et promenades au grand air. Évidemment, en trois jours, nous ne pourrez pas faire toutes ces balades !

Strasbourg et le nord de la route des vins

J1

matin

La Grande Île vous accaparera une bonne partie de la matinée avec sa **cathédrale** et ses ruelles truffées de belles demeures Renaissance et rococo. Flânez le long des quais de l'Ill et, côté Krutenau, décochez un coup d'œil sur le superbe **palais Rohan**.

midi

Rejoignez l'iconique **Petite France** et déjeunez d'une choucroute dans la jolie winstub **Lohkäs**.

après-midi

On s'offre un coup de peps au **musée d'Art moderne et contemporain** ou on se la coule douce le temps d'une croisière sur les eaux de l'Ill jusqu'aux institutions européennes. Les batteries rechargées, faites un petit tour à vélo dans l'impériale **Neustadt**.

soir

Plongez dans l'ambiance festive de la **Krutenau**.

J2

matin

Sur la route des vins, premier coup de frein à Molsheim pour rêver devant les bolides mythiques de la **fondation Bugatti**.

midi

Franchissez les remparts de la médiévale **Obernai** pour déjeuner : tartines bio à **La Mercerie** ou expérience culinaire chez **Thierry Schwartz**, c'est à vous de choisir !

après-midi

Allez traquer le Grand Cru Kirchberg dans les jolies cours vigneronnes de **Barr**, puis enchaînez avec la rose **Mittelbergheim**, l'un des « Plus Beaux Villages de France ».

Au détour d'un virage, un superbe panorama sur le vignoble vous attend du village perché d'**Itterswiller**.

soir

Dînez à **Sélestat** où vous passerez la nuit.

J3

matin

Flânez dans le petit cœur historique de **Sélestat**. Passage obligé par sa précieuse **Bibliothèque humaniste** avant de grimper au **château du Haut-Kœnigsbourg**, la folie néomédiévale de l'empereur Guillaume II.

midi

Pour rester dans l'ambiance, faites un arrêt dans la médiévale **Ribeauvillé**, à l'ombre de ses trois châteaux, puis un petit crochet afin d'admirer la carte postale de **Hunawihr** et de son église fortifiée baignant dans une mer de vignes.

Barr

après-midi

Finissez en beauté avec les splendides colombages sculptés de **Riquewihr**, la perle du vignoble. (Le trajet total en voiture depuis Sélestat demande 1h ; comptez encore 1h pour le retour à Strasbourg.)

Colmar et le sud de la route des vins

J1

matin

Promenez-vous dans les rues du vieux Colmar, à la recherche de la **maison des Têtes** et de la **maison Pfister**. Collectionnez de jolis coups d'œil entre les toits vernissés de la collégiale Saint-Martin et le ravissant **Koïfhus**. Traversez ensuite le quartier des Tanneurs.

midi

Allez flâner à pied ou en barque dans la **Petite Venise**, où vous pourrez déjeuner d'une bonne choucroute au bord de la Lauch ou à la bonne franquette sous la grande halle animée du **marché couvert**.

après-midi

Comptez au minimum 2h pour passer en revue les trésors du **musée Unterlinden**.

soir

Allez picorer des tapas accompagnées de vin de la région à **L'Un des Sens**.

J2

matin

La tournée des perles du vignoble pour en prendre plein les yeux ! Allez gambader dans les vignes sur le splendide **sentier viticole des Grands Crus** entre **Hunawihr** et **Riquewihr**.

midi

Prenez ensuite le temps de déambuler dans les ruelles fleuries de **Kaysersberg**, où de nombreuses tables vous attendent pour le déjeuner.

après-midi

Plongez dans la Renaissance rhénane à **Turckheim**…

soir

… avant de succomber au charme infini des ruelles d'**Eguisheim** où vous poserez vos valises pour la nuit.

J3

matin

Plein sud sur la route des vins avec un arrêt à **Rouffach** pour saluer les cigognes et admirer le plus beau des sourires dans l'église Notre-Dame-de-l'Assomption.

midi

Selon les goûts et les envies, on s'offrira un petit voyage hors du temps dans le riant village de l'**écomusée d'Alsace**, ou on poussera jusqu'à **Thann**, la porte sud de la route des vins, pour admirer l'une des plus belles églises gothiques et le vignoble le plus pentu d'Alsace.

après-midi

Si vous êtes fan de jardins, ne manquez pas, à 20 min de Thann, le superbe **parc de Wesserling - Écomusée textile**. Comptez 1h25 en voiture de Thann à Strasbourg par l'A35.

Week-end zéro carbone (ou presque !)

J1

Dès la descente du train à **Strasbourg**, posez vos valises à l'hôtel *Tandem* (p. 49), un établissement écoresponsable où vous pouvez louer un **vélo** pour partir à l'assaut de la première ville cyclable de France : suivez notre circuit en petite reine (p. 84) !

Pour une découverte sans effort, laissez-vous transporter en vélo-calèche (Cyclorama, p. 39) ou en tuk-tuk écolo (p. 61).

Vous dégoterez des **vins naturels et bio** de petits vignerons à l'*Œnosphère*, un caviste-bar à vins gentiment décalé (p. 61). Pour le déjeuner ou le dîner, la carte locavore du *Pont aux Chats* ou le burger aux insectes du *Labo* (p. 58) vous attendent dans la Krutenau.

J2

Prenez le train pour **Sélestat**, arpentez ses vieilles ruelles à pied, puis louez une **moto électrique** chez Watt Rider (p. 114) pour sillonner la route des vins entre Kintzheim et Saint-Hippolyte ou *rider* en toute liberté au milieu des vignes.

Avant de partir en virée, déjeunez veggie à *L'Acoustic* (p. 107) ou cueillez de bons produits locaux et bio à *La Petite Ferme Riedwasen* (p. 112) en prévision d'un **pique-nique dans les vignes**.

Une alternative à l'aventure à moto ? De Sélestat, prenez la navette pour grimper au château du **Haut-Kœnigsbourg**. En fin de journée, filez en train vers Colmar, où vous passerez la nuit.

J3

Consacrez la matinée à la découverte du vieux **Colmar** et de la Petite Venise à pied.

L'après-midi (14h), partez en randonnée à vélo avec Alsa Cyclo Tour (p. 146) pour 3h30 de balade **« À la découverte du vignoble »** : Wintzenheim, Wettolsheim, Eguisheim, Husseren-les-Châteaux, Vœgtlinshoffen, Gueberschwihr et Herrlisheim-près-Colmar, arrêt dégustation de vins compris.

Retournez à Strasbourg en train ou prolongez votre week-end dans un **écologis** au milieu des vignes, au cœur du vignoble Klur à Katzenthal (p. 130 ; bus 145 depuis Colmar).

Un week-end avec Bacchus

Commencez ce pèlerinage par la visite d'un lieu culte : la **Cave historique des hospices de Strasbourg**, où sommeille le plus vieux vin du monde. À Strasbourg toujours, le bar à vin **Le Purgatoire** propose plus de 180 références au verre ou en bouteille (p. 58).

En prélude à la route des vins, suivez un cours d'œnologie à l'**École des Vins - Arthur Metz** à Marlenheim. Pour vos envies d'échappées dans les vignes, cheminez sur les **Circuits de Bacchus** (p. 103) et sur l'un des nombreux sentiers viticoles. Ne manquez pas le **sentier viticole des Grands Crus** (p. 120) ! Vous découvrirez la plus ancienne cave coopérative vinicole de France à Ribeauvillé.

LA VÉLOROUTE DU VIGNOBLE D'ALSACE

Enfourchez votre vélo et pédalez à votre rythme pour le plus doux des travellings sur les somptueux paysages alsaciens. De Marlenheim à Thann, la fameuse route des vins se décline en version cyclable le long d'un parcours parallèle adapté aux voyageurs en deux-roues. Une façon « slow » et très écolo de découvrir le vignoble.

Bucolique randonnée

140 km à flanc de coteaux, au milieu des vignes, avec d'un côté la plaine et de l'autre les Vosges piquetées de châteaux forts : ce très bel itinéraire dessert exactement les mêmes localités que la route des vins.

Tout le long du parcours se succèdent de splendides villages alsaciens parmi lesquels les fameux Ribeauvillé, Riquewihr, Turckheim et Eguisheim, et aussi des lieux moins courus mais tout aussi charmants comme Barr, Dambach-la-Ville, Scherwiller ou Rouffach.

La Véloroute en trois jours

Jour 1

55 km • Dénivelé faible.

De Strasbourg, rejoignez Molsheim par la piste cyclable qui longe le très beau petit canal de la Bruche. Et de là élancez-vous sur la véloroute du Vignoble ! Visitez en passant Obernai, Barr et Mittelbergheim. Faites halte pour la nuit à Dambach-la-Ville.

Jour 2

40 km • Dénivelé moyen.

Poursuivez vers Ribeauvillé, Hunawihr, Riquewihr où vous visiterez le musée Hansi. Continuez jusqu'à Turckheim pour y passer la nuit.

Jour 3

47 km • Dénivelé moyen.

Dernier tronçon jusqu'à Thann. Visitez en route Eguisheim, Rouffach et le centre d'art contemporain de Wattwiller.

Suivez le raisin

La véloroute du Vignoble est un tronçon de la mythique EuroVelo 5 (Via Romea Francigena), qui relie Londres à Rome. Presque toujours à l'abri du trafic automobile, elle emprunte de petites routes sur le tracé d'une ancienne voie romaine et des chemins d'exploitation fraîchement goudronnés au milieu des vignes, ainsi que d'anciennes voies ferrées.

Pour se lancer dans cette belle randonnée, il suffit de suivre les panneaux avec le logo représentant une grappe de raisin dont deux grains se transforment en vélo.

Durée et difficulté

Un voyage à faire en deux, trois ou quatre jours selon sa condition physique et le nombre d'arrêts pour visiter les lieux et déguster les merveilles du vignoble. Mais, attention, l'œnologie n'est pas forcément l'alliée du cyclotourisme ! En roulant à 15 km/h, le temps de parcours total est de 9h environ.

Le vignoble est un peu vallonné, et il y a forcément quelques grimpettes, même si elles ne sont pas très nombreuses ni très longues. Mais il vaut quand même mieux avoir un bon dérailleur, voire un vélo à assistance électrique !

En pratique

Voir la carte du rabat arrière

L'itinéraire est téléchargeable sur le site alsaceavelo.fr. Il apparaît aussi sur la carte des itinéraires cyclables de « l'Alsace à vélo », disponible gratuitement dans les offices de tourisme. Pour rejoindre la Véloroute depuis Strasbourg, on peut prendre le train pour Molsheim ou Obernai, ou pédaler jusqu'à Molsheim par la véloroute du canal de la Bruche (env. 1h).

La Véloroute bénéficie de toute l'infrastructure d'accueil de la très touristique route des vins, et l'on trouve toutes sortes d'hébergements à tous les prix, du camping municipal au palace multi-étoilé.

Thann

Location de vélos

Il existe de nombreux points de location dans la région (voir p. 168), répertoriés sur le site alsaceavelo.fr. Comptez 10 à 15 €/j. pour un vélo simple et 20 à 35 € pour un vélo électrique. Pour le retour (ou en cas de coup de pompe), les TER transportent gratuitement votre monture.

STRASBOURG EN 5 QUARTIERS

Petite France :
la maison des Tanneurs

À SAVOIR

Office de tourisme

17, pl. de la Cathédrale • 03 88 52 28 28 • visitstrasbourg.fr • T.l.j. 9h-18h • Point Accueil Information dans la gare.

Strasbourg Pass

Ce chéquier touristique comprend la visite d'un musée au choix, la découverte de l'horloge astronomique de la cathédrale et une balade en bateau promenade, ainsi que six prestations à moitié prix : visites d'un autre musée, du Vaisseau, du Musée-château vodou, montée à la plateforme de la cathédrale, visites guidées ou audioguidées à Segway (gyropode), promenades en petit train et en bateau électrique.

En vente à l'OT • Valable 3 j. • Adulte 22 €, 13-17 ans 15 €, 4-12 ans 10 €.

Appli StrasMap

Une carte interactive pour se déplacer à vélo (boutiques et stations Vélhop), en transports en commun (arrêts de tram/bus, horaires...) et en voiture (trafic, places de parking disponibles en temps réel).

strasmap.eu

Visites guidées

Audioguide

Pour découvrir la ville à votre rythme.

Location à l'OT • 5,50 €.

Guide conférencier

Visites classiques (cathédrale + vieille ville) et thématiques de 1h30, enfants (1h), nocturnes, parcours de Noël...

Calendrier et préventes : shop.visitstrasbourg.fr, à l'OT, ou achat des billets le jour même dans la limite des places disponibles • Adulte 9,50 €.

Vélo

Avec Cyclorama (p. 39).

Bateau

Au fil de l'Ill avec Batorama (p. 39, 82).

Petit train

Départ pl. de la Cathédrale.

petit-train-strasbourg.fr • Adulte 7 €.

Musées

Rens., calendrier des vis. guidées et des expos temporaires : musees.strasbourg.eu.

Horaires

T.l.j. sf mar. 10h-18h (sf musée de l'Œuvre Notre-Dame, Musée historique et MAMCS, f. le lun.). F. 1er jan., Ven. saint, 1er mai, 1er et 11 nov., 25 déc.

Pass Musées

Valable 1 j. (12 €) ou 3 j. (18 €) : si vous avez l'intention de visiter au moins trois musées.

Gratuité

- \- 18 ans, visiteurs à mobilité réduite, étudiants en art et en histoire de l'art.
- Pour tous, le 1er dim. du mois.

Se déplacer

À partir de 2022, vignette Crit'air obligatoire pour les **voitures** (de 0 à 4 exclusivement).

Le centre se découvre aisément **à pied**.

Pensez au Vélhop, système de **vélo** partagé à l'heure (p. 166).

Bon réseau de **bus** et de **tramways** pour relier les quartiers excentrés, comme celui des Deux-Rives (p. 76) ou le quartier européen (p. 74).

Où faire du shopping ?

Rues généralistes

Grand-Rue, rue des Grandes-Arcades, rue de la Haute-Montée…

Rues spécialisées

Commerces de bouche dans le Carré d'Or (rues des Orfèvres, du Chaudron, du Sanglier, du Temple-Neuf) ; enseignes luxueuses rue des Hallebardes et rue du Dôme ; commerces pointus et artisans rue des Juifs et rue Sainte-Madeleine.

Marché de Noël

12 lieux différents : places Broglie *(Christkindelsmärik)*, de la Cathédrale, Kléber, Gutenberg, d'Austerlitz, des Meuniers, dans la Petite France…

Du dernier w.-e. de nov. au 31 déc. • noel.strasbourg.eu

Où sortir ?

Pour illuminer vos nuits strasbourgeoises, comptez toujours sur ces trois spots : la ravissante **place du Marché-Gayot**, délicieusement conviviale en été ; les deux turbulentes « saintes » – **rue Sainte-Hélène** et **rue Sainte-Barbe** –, très courues ; et l'inusable quartier de la **Krutenau**, qui regorge de bars de nuit et de petites adresses inventives.

Boutique Culture

Toute l'offre culturelle de Strasbourg et des environs (expos, concerts, festivals, spectacles…) et billetterie des spectacles au **5e Lieu**.

5, pl. de la Cathédrale • 03 88 23 84 65 • 5elieu.strasbourg.eu.

Infos Covid-19 ⚠

Compte tenu du contexte sanitaire, de nombreux sites et adresses sont amenés à restreindre leurs horaires d'ouverture et à s'adapter à la situation. Nous vous recommandons de vérifier les horaires et conditions de visite de chaque lieu et adresse sur leur site Internet ou leur page Facebook.

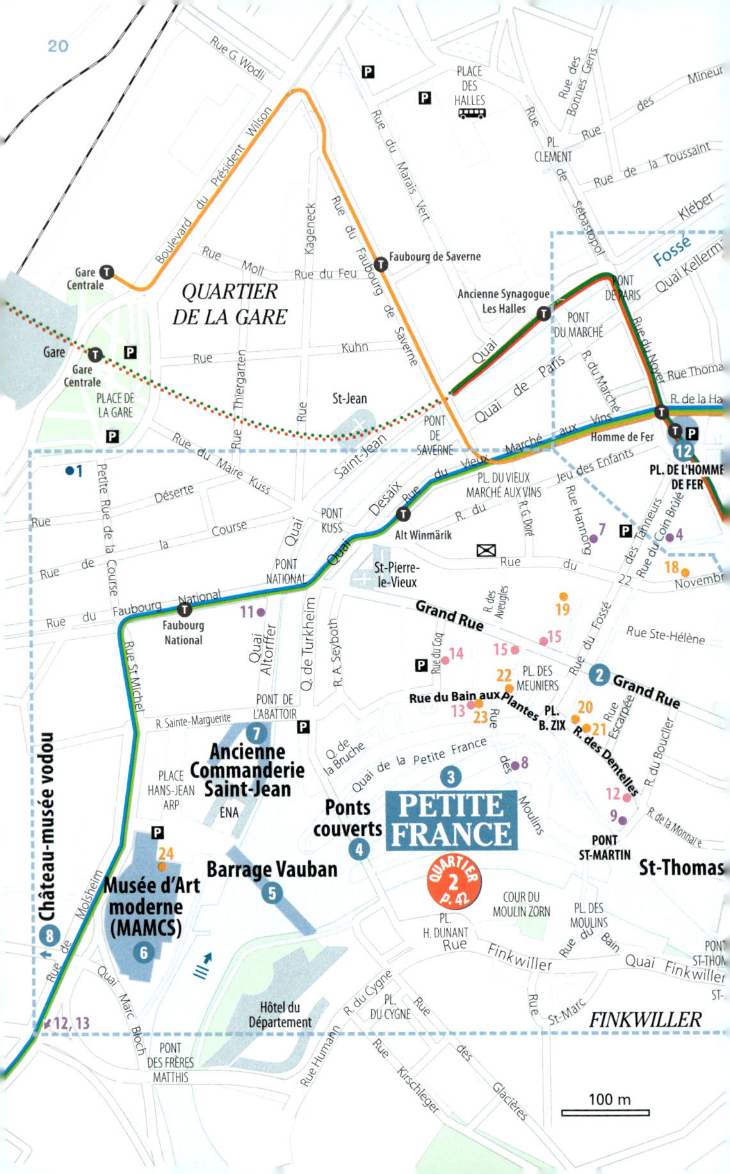

QUARTIER DE LA GARE
PETITE FRANCE
QUARTIER 2 p. 42
FINKWILLER
St-Thomas
Gare
Gare Centrale
PLACE DE LA GARE
Faubourg de Saverne
Ancienne Synagogue Les Halles
Alt Winmärik
Faubourg National
PLACE DES HALLES
PL. CLEMENT
PONT DE PARIS
PONT DU MARCHÉ
PONT DE SAVERNE
PONT KUSS
PONT NATIONAL
PONT DE L'ABATTOIR
PONT ST-MARTIN
PONT DES FRÈRES MATTHIS
PL. DE L'HOMME DE FER
PL. DU VIEUX MARCHÉ AUX VINS
PL. DES MEUNIERS
PL. B. ZIX
PLACE HANS-JEAN ARP
PL. H. DUNANT
COUR DU MOULIN ZORN
PL. DES MOULINS
PL. DU CYGNE
St-Jean
St-Pierre-le-Vieux
Ancienne Commanderie Saint-Jean
ENA
Ponts couverts
Barrage Vauban
Musée d'Art moderne (MAMCS)
Château-musée vodou
Hôtel du Département
Rue G. Wodli
Boulevard du Président Wilson
Rue Moll
Rue du Feu
Kageneck
Rue du Faubourg de Saverne
Rue du Marais Vert
Rue Kuhn
Rue Thiergarten
Rue du Maire Kuss
Rue Déserte
Rue de la Course
Petite Rue de la Course
Rue du Faubourg National
Rue St Michel
Quai Altorffer
Q. de Turkheim
R. A. Seyboth
R. Sainte-Marguerite
Q. de la Bruche
Quai de la Petite France
Rue des Moulins
Rue du Bain aux Plantes
Grand Rue
Rue du Coq
R. des Aveugles
Rue du Fossé
Rue Ste-Hélène
Rue Escarpée
R. des Dentelles
R. du Bouclier
R. de la Monnaie
Rue du Bain
Rue Finkwiller
Quai Finkwiller
Rue St-Marc
Rue des Glacières
Rue Kirschleger
R. du Cygne
Rue Humann
Quai Marc Bloch
Rue de Molsheim
Quai Saint-Jean
Quai Desaix
Quai Kuss
Rue du Vieux Marché aux Vins
R. du 22 Novembre
Rue Hannong
R. G. Doré
Jeu des Enfants
Rue des Tanneurs
Rue du Coin Brûlé
Homme de Fer
Quai de Paris
R. du Marché
Rue du Noyer
Rue Thomann
R. de la Haute
Quai Kellermann
Fossé
Kléber
Rue de la Toussaint
Rue des Mineurs
Rue des Bonnes Gens
Rue de Sébastopol
Quai
12, 13
100 m

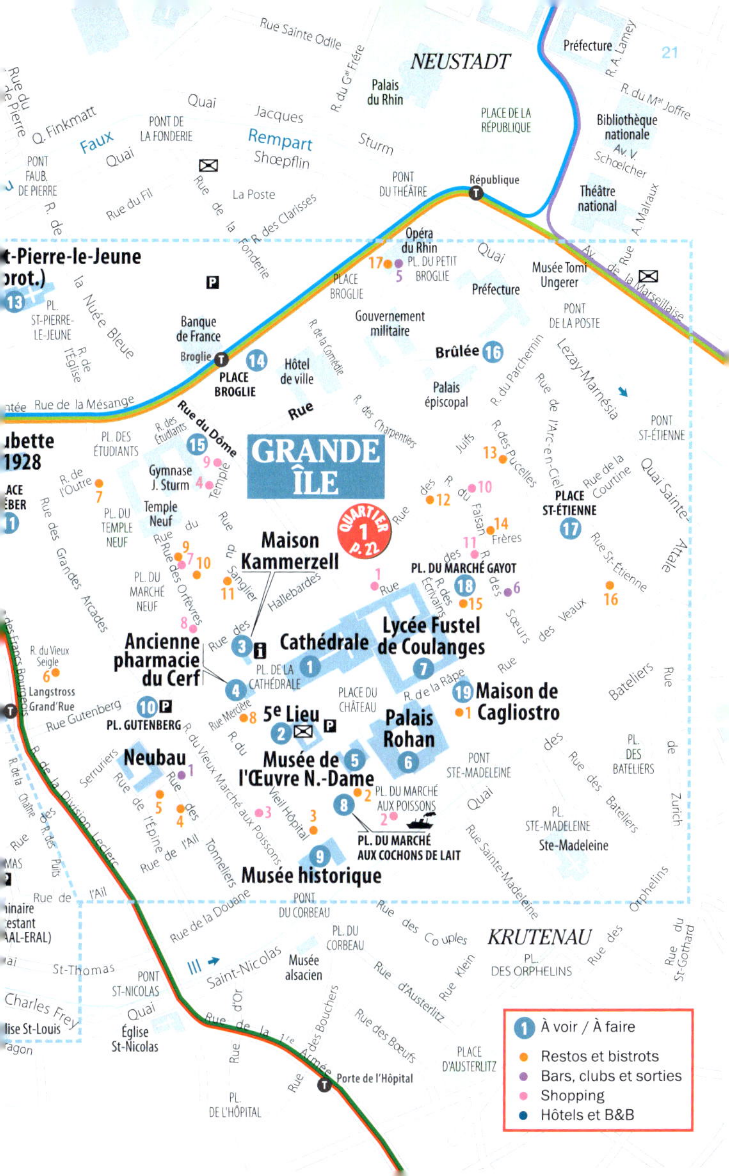
NEUSTADT
Préfecture
R. A. Lamey
Rue Sainte Odile
R. du Gal Frère
Palais du Rhin
PLACE DE LA RÉPUBLIQUE
R. du Mal Joffre
Bibliothèque nationale
Av. V. Schœlcher
Rue du Fossé de Pierre
Q. Finkmatt
Quai
PONT DE LA FONDERIE
Faux Rempart
Quai Jacques Sturm
Quai Shœpflin
PONT FAUB. DE PIERRE
Rue du Fil
Rue de la Fonderie
La Poste
R. des Clarisses
PONT DU THÉÂTRE
République
Théâtre national
A. Malraux
Opéra du Rhin
17 5 PL. DU PETIT BROGLIE
PLACE BROGLIE
Quai
Préfecture
Musée Tomi Ungerer
Av. de la Marseillaise
St-Pierre-le-Jeune (prot.)
13 PL. ST-PIERRE-LE-JEUNE
la Nuée Bleue
R. de l'Église
Banque de France
Broglie
14 PLACE BROGLIE
Hôtel de ville
R. de la Comédie
Gouvernement militaire
PONT DE LA POSTE
Brûlée 16
Palais épiscopal
R. du Parchemin
Lezay-Marnésia
Rue de l'Arc-en-Ciel
PONT ST-ÉTIENNE
Rue de la Mésange
Rue du Dôme
R. des Étudiants
15
Rue
R. des Charpentiers
Aubette 1928
PL. DES ÉTUDIANTS
GRANDE ÎLE
Juifs
R. des Pucelles
13
Quai Sainte-Attale
9
Gymnase J. Sturm
4
Temple
R. de l'Outre
7
des R. du Faisan
10
12
Rue de la Courtine
PLACE KLÉBER
PL. DU TEMPLE NEUF
Temple Neuf
Rue du
QUARTIER 1 p. 22
Rue
14 Frères
PLACE ST-ÉTIENNE
17
Rue des Grandes Arcades
Rue du Sanglier
Maison Kammerzell
11
des R.
Rue St-Étienne
9 7 10
Rue des Orfèvres
11
Hallebardes
1 Rue
PL. DU MARCHÉ GAYOT
18 R. des Écrivains
des 6
15
16
PL. DU MARCHÉ NEUF
Sœurs
des Veaux
8
Rue des
3 i
Lycée Fustel de Coulanges
Ancienne pharmacie du Cerf
Cathédrale
1 PL. DE LA CATHÉDRALE
7
Rue
Bateliers
Rue
R. du Vieux Seigle
6
Langstross Grand'Rue
4
PLACE DU CHÂTEAU
R. de la Râpe
19 Maison de Cagliostro
1
Rue des Francs Bourgeois
Rue Gutenberg
10 PL. GUTENBERG
Rue Mercière
8
5e Lieu
2
R. du Vieux Marché aux Poissons
Palais Rohan
des
PL. DES BATELIERS
de
R. de la Chaîne
R. de la Division Leclerc
Serruriers
Neubau
1
R. du
Musée de l'Œuvre N.-Dame
5
6
PONT STE-MADELEINE
Rue des Bateliers
Zurich
Rue de l'Épine
5
4
Rue des
3
Vieil Hôpital
3
8
2 PL. DU MARCHÉ AUX POISSONS
2
Quai
PL. STE-MADELEINE
Ste-Madeleine
R. des Puits
Rue
Rue de l'Ail
Tonneliers
9
PL. DU MARCHÉ AUX COCHONS DE LAIT
Rue Sainte-Madeleine
Musée historique
Orphelins
Rue de l'Ail
Rue de la Douane
PONT DU CORBEAU
Rue des Couples
KRUTENAU
Rue des
Rue du St-Gothard
Séminaire protestant (CAL-ERAL)
PL. DU CORBEAU
Quai St-Thomas
PONT ST-NICOLAS
III
Saint-Nicolas
Musée alsacien
Rue Klein
PL. DES ORPHELINS
Rue d'Austerlitz
Quai Charles Frey
Quai
Église St-Nicolas
Église St-Louis
Rue d'Or
Rue de la 1re Armée
Rue des Bouchers
Rue des Bœufs
PLACE D'AUSTERLITZ
Rue
Rue
Porte de l'Hôpital
PL. DE L'HÔPITAL
1 À voir / À faire
Restos et bistrots
Bars, clubs et sorties
Shopping
Hôtels et B&B

LA GRANDE ÎLE

1

Enlacé par les eaux de l'Ill, qu'une vingtaine de ponts et de passerelles invitent à franchir, le cœur battant de la capitale alsacienne subjugue par sa beauté. Dans un déluge de colombages et de façades rococo, l'inventaire de ses richesses paraît inépuisable : la Grande Île est classée par l'Unesco ! D'emblée, le regard est happé par l'éblouissante cathédrale, dont l'unique flèche veille sur un lacis de ruelles moyenâgeuses, truffées de boutiques pimpantes et de bonnes winstubs. Un concentré d'animation, une atmosphère hors du temps !

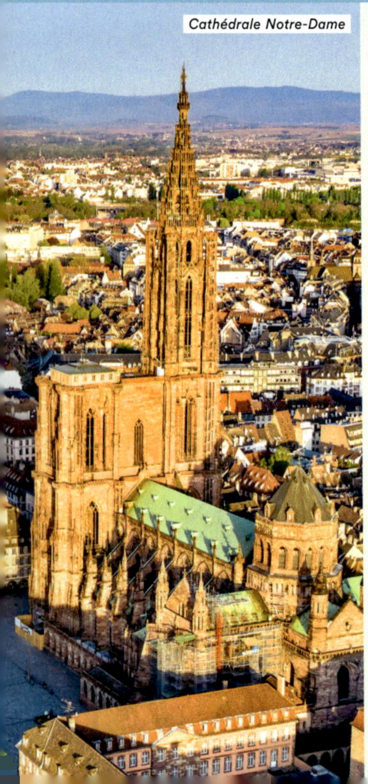
Cathédrale Notre-Dame

Voir le plan p. 20.

① Cathédrale Notre-Dame✦✦✦

La voilà, la gloire de Strasbourg ! Avec ses 142 m, celle qui fut le plus haut édifice de la chrétienté jusqu'à la fin du XIXᵉ s. domine toute la plaine d'Alsace. Véritable encyclopédie de l'art médiéval, Notre-Dame de Strasbourg a fait l'objet d'un gigantesque chantier : quatre siècles séparent sa crypte romane (1015) de sa flèche gothique (1439).

Une prouesse technique et artistique

Avec sa double peau en dentelle de grès rose et sa profusion de personnages sculptés, la **façade** pourra vous accaparer longtemps ! Ne manquez pas les Vertus terrassant les Vices (portail de gauche) ainsi que les Vierges sages et les Vierges folles escortant le Tentateur transpercé par des reptiles (portail de droite). Le plus ancien des portails (côté sud, face au palais Rohan) représente le roi Salomon encadré par l'Église et la Synagogue : cette dernière, aveuglée, laisse tomber les Tables de la Loi.

Pour la plupart ces statues sont des copies, les originales étant protégées et restaurées au musée de l'Œuvre Notre-Dame (p. 25).

La nef aux trésors

Un pur chef-d'œuvre du gothique rayonnant, illuminé par ses vitraux du XIIe au XIVe s. Au pied du 2e pilier nord, ce petit homme en casquette soulevant l'édifice à l'aide d'une bûche serait l'architecte **Johann Knauth**, qui, au début du XXe s., sauva la cathédrale en injectant du béton dans ses fondations.

À voir, le **buffet d'orgue** gothique en bois sculpté polychrome, la **chaire** (XVe s.), époustouflante dentelle de pierre sculptée d'un petit chien qui attire les curieux, et le fascinant **pilier des Anges** (1230), qui empile 12 sculptures de toute beauté (évangélistes, anges, Christ).

L'horloge astronomique

Dans le transept sud, la fabuleuse horloge du XVIe s. continue de captiver les foules. Son mécanisme de 1842 est l'œuvre de **Jean-Baptiste Schwilgué**, célèbre horloger alsacien. Chaque jour, à 12h30, un ange sonne, et les quatre âges de la vie défilent devant la Mort. Les apôtres se succèdent devant le Christ tandis qu'un coq s'égosille en souvenir du triple reniement de saint Pierre.

La plateforme

332 marches à gravir pour un panorama à 360° sur les toits de Strasbourg, les Vosges et la Forêt-Noire ! L'occasion aussi d'approcher la flèche et sa pyramide de clochetons. Une scénographie ludique avec films et animations 3D permet de comprendre l'évolution de la cité depuis le XVe s.

Pl. de la Cathédrale • cathedrale-strasbourg.fr • Vis. libre lun.-sam. 8h30-11h15 et 12h45-17h45, dim. et j. de fêtes solennelles 13h30-17h30, f. pendant les offices. – ***Horloge :*** *entrée par la façade principale, lun.-sam. à 12h (ouverture à 11h30) ; 3 € (tickets en vente aux échoppes de la cathédrale jusqu'à 11h, à la sortie sud à partir de 11h30), gratuite Strasbourg Pass. –* ***Plateforme :*** *accès au sud par la pl. du Château, avr.-sept. 9h30-20h (dernière montée 19h15), oct.-mars 10h-18h (dernière montée 17h15) ; 8 €.*

Le Caveau du futur

Sur le parvis sud de la cathédrale (place du Château), une plaque en bronze indique l'emplacement d'un bunker souterrain dans lequel 14 tonneaux ont été enfouis en 1995. Ils renferment des témoignages de notre époque : messages de Strasbourgeois, objets du quotidien, vin, Convention européenne des droits de l'homme... à destination des archéologues du futur ! Revenez en l'an 3790 pour l'ouverture prévue du caveau.

Maison Kammerzell

❷ Le 5e Lieu✦

1 000 m^2 dédiés à la culture, à l'architecture et au patrimoine. Ce lieu au nom mystérieux, qui se trouve tout simplement au n° 5, abrite la **Boutique Culture** (billetterie des spectacles) et l'exposition interactive « Un voyage à Strasbourg », excellente introduction à l'urbanisme et à l'architecture de la ville. Le 5e Lieu, c'est aussi des ateliers, des visites guidées, des lectures et des expos, toujours en relation avec l'architecture et le patrimoine.

5, pl. du Château • 03 88 23 84 65 • 5elieu.strasbourg.eu • Mar.-sam. 11h-19h, dim. 11h-17h (sf billetterie) • Entrée libre aux expos, vis. guidées et ateliers payants.

❸ Maison Kammerzell✦✦

Une superbe machine à remonter le temps ! Avec ses fenêtres en cul de bouteille et son foisonnant décor en bois sculpté mêlant le religieux (les Vertus, le roi David), le profane (les signes du zodiaque, les cinq sens) et l'antique (Alexandre, César), sa beauté rivalise presque avec l'immense dame de grès rose. Aménagée en **hôtel-restaurant**, l'ancienne demeure de marchands (XVe-XVIe s.) renferme des fresques de l'Alsacien **Léo Schnug** (1878-1933), célèbre pour sa décoration du château du Haut-Kœnigsbourg (p. 110).

16, pl. de la Cathédrale.

❹ Ancienne pharmacie du Cerf✦

Jusqu'en 2000, c'était la plus vieille pharmacie d'Europe encore en activité : des apothicaires s'y sont succédé depuis 1268 ! Reconstruite au XVIe s., la maison à pans de bois a conservé de belles voûtes

Demoiselle coiffée

L'enseigne du 22-24, pl. de la Cathédrale évoque une curiosité historique. En 1793, sous prétexte qu'elle heurtait le principe révolutionnaire d'égalité, la flèche de la cathédrale a été menacée de démolition. Un Strasbourgeois la fit coiffer d'un immense bonnet phrygien en métal pour hisser au plus haut le symbole de la liberté ! Cet étrange couvre-chef orna (et sauva) la flèche jusqu'en 1802.

Le Büchmesser

Détail amusant, la colonne d'encorbellement de la pharmacie du Cerf, à l'angle de la rue Mercière, n'est pas un simple pilier. C'est le Büchmesser, qui fait office de mesureur de bedaines depuis le XVIe s. : si l'on parvient à se glisser entre le mur et la colonne, on peut continuer à faire bombance...

gothiques, animées de fresques murales Renaissance et 1900, dont une chauve-souris dessinée par Léo Schnug. Elle héberge désormais la **boutique 11/38**, qui met chaque année à l'honneur les créations d'un artisan local.

10, pl. de la Cathédrale • Lun.-sam. 11h-13h et 14h-18h30.

5 Musée de l'Œuvre Notre-Dame+++

Dans ce musée vous attendent sept siècles d'art alsacien. L'ancienne loge des tailleurs de pierre et maçons de la cathédrale abrite le fonds médiéval et Renaissance le plus riche de France. C'est ici qu'une partie des statues et vitraux originaux de Notre-Dame sont exposés. À leurs côtés, des chefs-d'œuvre de l'art haut-rhénan des XVe et XVIe s. Détail charmant : l'adorable jardinet gothique, où poussent des herbes médicinales répertoriées par Albert le Grand (1260).

3, pl. du Château • 03 68 98 50 00 • musees.strasbourg.eu • Mar.-dim. 10h-18h • Entrée 6,50 € (audioguide inclus), gratuite Strasbourg Pass et 1er dim. du mois.

6 Palais Rohan+++

Symbole du catholicisme triomphant, l'ancienne résidence des princes-évêques de Rohan a hébergé Marie-Antoinette, en route pour ses noces, et quelques jolis scandales historiques : Armand-Gaston, le premier du nom, était, dit-on, le fils illégitime de Louis XIV, tandis que Louis-René-Édouard, le quatrième, a été mêlé à l'escroquerie du « collier de la reine ».

Surtout, ce somptueux palais du XVIIIe s. renferme trois musées de haut vol à visiter indépendamment.

Le musée des Arts décoratifs

Partie intégrante du musée, les **appartements d'apparat** exhibent une richesse inouïe : boiseries bleues et dorées, plafond en stuc et damas rouge dans la chambre du roi (où Marie-Antoinette passa sa première nuit en France), portrait monumental du Roi-Soleil dans la bibliothèque des cardinaux. Une quantité de trésors d'orfèvrerie et d'horlogerie, des faïences de la fameuse manufacture strasbourgeoise Hannong, ainsi qu'une amusante collection de jouets mécaniques.

Le musée des Beaux-Arts

Au 1er étage, vaste panorama de la peinture européenne du Moyen Âge au XIXe s. L'occasion de contempler *La Crucifixion* de Giotto, une *Vierge à l'Enfant* de Botticelli,

Palais Rohan

un *Portrait de jeune femme* de Raphaël, *La Tourte au cassis* du Hollandais Heda (1641), *La Belle Strasbourgeoise* de Nicolas de Largillière (1703) ou encore *L'Étang de Ville-d'Avray* de Camille Corot.

Le Musée archéologique

Les sous-sols du palais vous plongeront dans les profondeurs de l'histoire alsacienne, du Paléolithique aux Mérovingiens : mâchoire de jeune mammouth, crâne trépané, parure en défense de sanglier du Néolithique, vases et peignes gallo-romains, casque d'apparat et bijoux précieux de l'époque mérovingienne issus des fouilles archéologiques menées dans la région.

2, pl. du Château • 03 68 98 50 00 • musees.strasbourg.eu • Mer.-lun. 10h-18h • Entrée 6,50 €/musée, gratuite Strasbourg Pass et 1er dim. du mois.

7 Lycée Fustel-de-Coulanges✦

Jules Ferry y a empoché son bac ! Attenant à la cathédrale, cet ancien collège royal des Jésuites, puis lycée impérial sous Napoléon Ier, a été édifié entre 1755 et 1758 sous la direction de **Joseph Massol**, l'architecte du palais Rohan. Le bel édifice Régence se dresse sur les vestiges des remparts de la ville romaine d'Argentoratum, vieille de plus de 2 000 ans.

1, pl. du Château.

8 Place du Marché-aux-Cochons-de-Lait✦

Flânez sur cette adorable placette et admirez, au n° 8, les magnifiques pans de bois d'une maison bourgeoise de 1562. Elle abrite l'une des meilleures winstubs du quartier (*Muensterstuewel*, p. 31). Sur la belle demeure du n° 1 (1617), une girouette en forme de chaussure rappelle qu'en 1414 de jolies dames y achetèrent une paire de bottes au très galant empereur Sigismond de Hongrie qui s'était retrouvé sans chaussures au bal de bienvenue.

9 Musée historique✦✦

La grande et la petite histoire de Strasbourg, racontées de façon ludique dans un écrin inattendu : l'ancienne **Grande Boucherie** de 1587 ! Du Moyen Âge à la création des institutions européennes, le parcours audioguidé, jalonné d'objets insolites (voyez l'orgue à gaz !) et riche d'un impressionnant plan-relief de la cité datant de 1727, vous rendra imbattable sur le destin de cette cité longtemps écartelée entre deux pays. Parmi les objets à manipuler, les enfants pourront essayer un casque du Moyen Âge.

À côté du musée, l'ancienne **douane** du XIVe s., reconstruite en 1958.

2, rue du Vieux-Marché-aux-Poissons • 03 68 98 50 00 • musees.strasbourg.eu • Mar.-dim. 10h-18h • Entrée 6,50 € (audioguide inclus), gratuite Strasbourg Pass et 1er dim. du mois.

10 Place Gutenberg✦✦

On s'y arrête forcément, pour saluer le génial inventeur de l'imprimerie et pour admirer **le plus bel édifice Renaissance de la ville**, seul rescapé de l'ex-place du Marché-aux-Herbes qui formait le cœur de la ville libre impériale, entre le XIIIe et le XVIIe s.

Neubau✦

Impossible de le manquer avec son toit percé de multiples lucarnes et ses tuiles en « queue de castor ». Ce *Neubau* (nouveau bâtiment), construit en 1585 pour abriter l'hôtel de ville, empile ses colonnes antiques sur les trois niveaux de sa façade monumentale. Un fort bel écrin pour l'actuelle **chambre de commerce et d'industrie**.

10, pl. Gutenberg.

Statue de Gutenberg✦

Piqûre de rappel : c'est dans son atelier strasbourgeois que **Gutenberg**, originaire de Mayence, « émigré » à Strasbourg de 1433 à 1444, a élaboré le caractère mobile : une révolution qui a chamboulé la diffusion de la pensée et marqué le début du siècle d'or alsacien. Inaugurée en 1840, la statue de **David d'Angers** montre le père de l'imprimerie tenant sa fameuse bible où sont écrits les mots de la Genèse : « Et la lumière fut ».

11 Place Kléber✦

À Noël, c'est ici que se dresse le sapin, un habitué des records de hauteur ! Moins colossale, la **statue** (1840) érigée sur les cendres du Strasbourgeois **Jean-Baptiste Kléber** (1753-1800), héros napoléonien assassiné au Caire.

L'Aubette 1928✦

Au nord de la place, ce grand bâtiment néoclassique (1778) logeait les corps de garde. Les mots d'ordre pour la garnison y étaient donnés à l'aube, d'où son nom.

Il abrite une galerie marchande et un chef-d'œuvre avant-gardiste, le « **ciné-bal** » où venait s'encanailler le tout-Strasbourg des années 1930. Qualifié par certains experts de « chapelle

Place de l'Homme-de-Fer

Sixtine de l'art moderne », il a été réalisé en 1928 par un trio d'artistes hors du commun : le Strasbourgeois Jean Arp, cofondateur du mouvement dada, son épouse Sophie Taeuber-Arp et le Hollandais Theo Van Doesburg, animateur du mouvement De Stijl. Le 1er étage de l'ancien complexe de loisirs a été entièrement restitué. Bandes verticales, alternance de noir et blanc, aplats de couleurs : une vraie toile de Mondrian !

31, pl. Kléber • 03 68 98 50 00 • musees.strasbourg.eu • Mer.-sam. 14h-18h • Entrée gratuite.

12 Place de l'Homme-de-Fer✦

Un ensemble de lignes et de volumes particulièrement graphique ! Sur la façade de la pharmacie du n° 2, une armure signale l'emplacement d'une forge d'armes au XVIIIe s. La rotonde du tramway (1994) rend hommage à la première locomotive Strasbourg-Colmar, connue sous le nom de *L'Homme de fer*, qui atteignit en 1843 la vitesse record de 41,3 km/h.

13 Saint-Pierre-le-Jeune✦ (protestante)

On raconte que l'imposante église luthérienne (à ne pas confondre avec son homonyme catholique, p. 65) a servi de « brouillon » à la cathédrale. Bâtie en même temps que Notre-Dame, elle abrite un superbe jubé (tribune formant une clôture) et des fresques médiévales de toute beauté, dont une réplique de *La Navicella* de Giotto (épisode de Jésus marchant sur l'eau). Les fondations remontent au VIIe s. ; le cloître roman offre une bulle de sérénité en pleine ville…

Pl. Saint-Pierre-le-Jeune • 03 88 32 41 61 • T.l.j. 12h-18h.

14 Place Broglie✦

L'ex-place du Marché-aux-Chevaux accueille le **marché** des mercredis et vendredis, mais surtout le *Christkindelsmärik* (voir p. 149), le plus vieux marché de Noël de France !

Aménagée par le maréchal de Broglie en 1740, la longue place collectionne les monuments et les hôtels particuliers : l'**hôtel de ville** (1731), construit pour les princes de Hanau-Lichtenberg, l'**hôtel du gouverneur militaire** (1755), l'**opéra** néoclassique (1821 ; voir p. 35), précédé du monument au général Leclerc. Pour la petite histoire, c'est sur la place Broglie que *La Marseillaise* a retenti pour la première fois en 1792.

15 Rue du Dôme✦

Ancien axe romain, elle recèle quelques joyaux du style français : les nos 7 et 8, demeure du maître maçon Gallais (1745) et hôtel Livio (1789), présentent des façades classiques, tandis que les nos 17 et 18, maisons du négociant Sare (1753) et de l'orfèvre Spach (1751), arborent de magnifiques têtes sculptées, caractéristiques du rococo strasbourgeois.

16 Rue Brûlée✦

Avec ses nombreux hôtels particuliers du XVIIIe s., elle a du rococo à revendre ! Voyez l'imposante façade de grès jaune de l'ancien hôtel de Marmoutier (n° 2), le portail orné de trophées de l'**hôtel de ville** (n° 9), et celui tout aussi monumental de l'**hôtel du gouverneur militaire** (n° 13). Plus loin, au n° 16, l'**hôtel de l'évêché** découvre un superbe jardin. Au n° 19, l'**hôtel de la préfecture** présente une ravissante conque rocaille côté rue et une façade sur l'Ill, côté quai Lezay-Marnésia.

17 Place Saint-Étienne✦

S'asseoir sur un banc et apprécier le décor, tout simplement, en compagnie du *Meiselocker*, la statue du « charmeur de mésanges » perchée sur sa petite fontaine. De belles maisons à colombages du XVIIe s. cernent la jolie placette arborée, où il flotte comme une ambiance de village.

Pause lyrique : Café de l'Opéra

L'ancien théâtre municipal abrite aujourd'hui l'Opéra national du Rhin et accessoirement l'un des plus beaux cafés de la ville : décor années 1930, ambiance quasi berlinoise et somptueux brunchs le dimanche. Sa terrasse offre le plus délicieux des terminus !

17 Plan p. 20 • *19, pl. Broglie • 03 88 22 98 51 • cafeoperastrasbourg.fr • Lun.-sam. 9h-22h, dim. 9h-15h • Brunch à volonté 25 € (dim. 11h30-13h30).*

18 Place du Marché-Gayot**

... ou « PMG » pour les Strasbourgeois ! L'adorable place, créée en 1769 à l'initiative du préteur royal François-Marie Gayot, offre au regard de jolies maisons à colombages et de charmants cafés. En été, la place devient une gigantesque terrasse aux frontières un peu floues et plutôt fréquentée par une clientèle jeune. Si vous souhaitez faire une pause bistrot à la mode strasbourgeoise, c'est l'endroit idéal.

19 Maison de Cagliostro*

Rue de la Râpe, vous marchez sur les pas d'un illustre imposteur... Dans la maison de la Lanterne, percée de multiples fenêtres et d'un beau portail rococo, vécut de 1780 à 1783 le mystérieux **comte de Cagliostro**, qui entraîna le quatrième cardinal de Rohan dans l'affaire du collier de la reine... avant d'être emprisonné à la Bastille et d'être condamné à Rome par l'Inquisition.

12, rue de la Râpe.

Restos Bistrots

Au Fond du Jardin

Salon de thé 1 Plan p. 20

Atmosphère *Old England* dans cette bonbonnière fleurie et parfumée à souhait. Ici, le thé s'intitule « Oscar Wilde » ou « Sherlock Holmes », et s'accompagne d'exquises pâtisseries maison, de madeleines, de scones dorés au four ou de cakes moelleux (8 € les 2 tranches). Réservation indispensable pour les brunchs du week-end.

6, rue de la Râpe • 03 88 24 50 06 • aufonddujardin.fr • Tea time mer., ven. et sam. 14h30-18h, dim. 16h30-18h, brunch (39 € et 47 €) sam. à 10h, dim. à 10h et 13h.

Au Fond du Jardin

Muensterstuewel

Winstub 2

Dans une belle demeure bourgeoise du XVIe s., aux magnifiques pans de bois, une adresse savoureuse et authentique à un endroit qui ne l'est pas toujours. Les carnivores s'abattront sur l'irrésistible fleischkiechle à la viande hachée et épicée (17 €).

8, pl. du Marché-aux-Cochons-de-Lait • 03 88 32 17 63 • muensterstuewel.fr • Lun.-jeu. 11h30-14h30 et 18h30-22h30, ven.-dim. 11h30-23h • Menus 19 € et 26 €.

Zuem Strissel

Winstub 3

Vous cherchez une winstub conviviale, gourmande et populaire ? Ne cherchez plus, le *Zuem Strissel* (« À l'Autruche ») est pour vous ! Dans une atmosphère gentiment « gretchen » – nappes à carreaux et bibelots à tous les étages –, on vous régalera de baeckeoffe aux trois viandes, de presskopfs à l'ancienne et de kaesknepfles (quenelles de fromage blanc) à des prix très abordables.

5, pl. de la Grande-Boucherie • 03 88 32 14 73 • strissel.fr • T.l.j. 11h30-14h30 et 18h30-22h30 • Plats 17-21 €.

Au Pigeon

Alsacien 4

Nulle inquiétude, cette respectable maison n'a pas pour habitude de plumer le client ! Son nom provient d'un pigeon « égaré » dans le riche décor sculpté de 1580. Masques, draperies, chérubins… l'opulence de la Renaissance se déploie devant vos yeux. À l'intérieur, ce n'est pas mal non plus : baeckeoffe, wadele (jarret de porc), choucroute… toute la kyrielle des réjouissances alsaciennes.

23, rue des Tonneliers • 03 88 32 31 30 • Mar. 12h-14h, mer.-sam. 12h-14h et 18h30-21h30 • Plats 11,50-18 €.

Villa Casella

Italien 5

Marre de la cuisine du Nord ? Envie irrépressible de foccacia, de bruschetta et de *fritto misto* ? Bref… besoin de Méditerranée ? Venez donc siroter du *moscato* d'Asti chez cet italien de haut vol qui dispose d'une belle véranda au charme transalpin.

5, rue du Paon • 03 88 32 50 50 • villacasella.fr • Lun.-sam. 12h-14h30 et 19h-23h30, f. 2 sem. en fév. • Plats 14,50-38 €.

L'Épicerie

Tartines 6

Ambiance « pique-nique sur table » dans cette adorable épicerie bleue qui rêve des années 1960. Tartines de bon aloi (brie de Meaux, miel et noix ou fourme d'Ambert et pruneaux) et terrasse très convoitée non loin du splendide cinéma Vox.

6, rue du Vieux-Seigle • 03 88 32 52 41 • Lun.-sam. 11h30-22h30 (23h30 ven.-sam.) • Tartines 5-11 €.

Christian

Pâtisserie 7 et 8

On ne le redira jamais assez, cette vénérable maison témoigne d'une créativité sans limites ! Entre autres délices, le salon de thé propose des chocolats chauds, des sorbets framboise-basilic et des jus de fruits, le tout maison ! Côté pâtisserie, on fond pour le satin, le gâteau signature en forme de cœur. Petite restauration de 11h30 à 14h, avec une carte plus complète rue Mercière.

12, rue de l'Outre, 03 88 32 04 41 • 10, rue Mercière, 03 88 22 12 70 • christian.fr • Lun. 13h-18h (rue Mercière uniquement), mar.-sam. 8h30-18h • Plat 9 €.

Pains Westermann

Boulangerie 9

Une adresse croustillante ! Pains aux noix, noisettes et caramel, pains à la moutarde, aux figues et raisins… Cette boulangerie de gourmets, affiliée au restaurant étoilé *Le Buerehiesel* (parc de l'Orangerie, voir p. 69), offre chaque jour une vingtaine de pains différents ainsi que des viennoiseries, pâtisseries, sandwichs, tourtes vigneronnes, friands, quiches…

1, rue des Orfèvres • 03 88 22 56 45 • Lun. 9h-19h30, mar.-sam. 8h30-19h30 • mini-kouglof 3 €.

Le Clou

Winstub 10

Dans un décor boisé qui rappelle l'oncle Hansi, Marie et Roger

Christian (à Noël)

Sengel concoctent la crème de la cuisine régionale : foie gras de canard, bibeleskas (fromage blanc) et pommes sautées, wadele (jambonneau) braisé au pinot noir. Beau, bon et bondé : réservation préférable.

3, rue du Chaudron • 03 88 32 11 67 • le-clou.com • T.l.j. 11h45-14h et 17h30-minuit • Plats 13,50-24 €.

Chez Yvonne

Winstub 11

Une véritable institution de la gastronomie strasbourgeoise fréquentée en son temps par le plus haut sommet de l'État amateur de la fameuse tête de veau. Si la direction a changé depuis 2001, cette winstub aux pimpants petits rideaux n'en finit pas d'allécher le client : dos de sandre sur choucroute ou jeune coq au riesling accompagné de spätzle.

10, rue du Sanglier • 03 88 32 84 15 • restaurant-chez-yvonne.net • T.l.j. 11h45-14h15 et 18h-22h30 • Plats 14,50-28 €.

La Casserole

Gastronomique 12

N'hésitez pas à passer à la casserole : la maison est chaudement recommandée par les Strasbourgeois (temporairement) lassés des winstubs. Carte pleine de fraîcheur et de surprises : saumon Bømlo flammé, foie gras de canard maison et textures de framboise et géranium, bœuf wagyu en tataki, etc. De quoi mijoter dans le bonheur…

24, rue des Juifs • 03 88 36 49 68 • la-casserole.fr • Mar.-sam. 12h-13h30 et 19h30-21h30 • Menus 39 € (déj.), 75 €, 82 € et 112 €.

Au Cruchon

Winstub 13

Salade alsacienne au cervelas, gratin de spätzle au munster, jarret de porc grillé sur choucroute, cordon-bleu de volaille au munster… Dans les cuisines du Cruchon, on a l'esprit tradi, et dans la salle aussi ! Une winstub intimiste pour un repas généreux, avec un café alsacien en guise de délicieux point final.

11, rue des Pucelles • 03 88 35 78 82 • aucruchon.fr • Mar.-sam. 12h-14h et 18h-22h30 • Plats 14-19,50 €.

Flam's

Flammekueche 14

Avec une quinzaine d'adresses dans toute la France, Flam's est le chef incontesté de la petite flammekueche. Que les indécis se rassurent, le restaurant propose des moitiés de tartes : mi-traditionnelle/mi-indienne, mi-salée lardons/mi-sucrée cannelle, mi-crème/mi-sans crème… Service souriant et zélé, déco simple et colorée : une bonne adresse familiale.

29, rue des Frères • 03 88 36 36 90 • flams.fr • T.l.j.. 11h45-minuit • Flammekueche 5-10 €.

Le Cornichon Masqué

Bistronomique 15

Sur l'exquise place du Marché-Gayot, ce cornichon prend racine dans une superbe maison à colombages, aux poutres apparentes et aux lumières tamisées. Ici, on déguste une cuisine du marché, dans une atmosphère de quartier. Chaque jour, une viande, un poisson et un plat veggie à l'ardoise.

17, pl. du Marché-Gayot • 03 88 96 48 85 • lecornichonmasque.com • Mar.-dim. 12h-14h (14h30 sam.-dim.) et 19h-22h (22h30 ven.-sam.) • Plats 15-25 €.

Au Brasseur

Bierstub 16

Ambiance décontractée – parfois même débraillée – dans cette bierstub ultraconviviale. Ici, on vous sert un litre de bière « maison » (si si !) et de la tarte flambée à volonté pour 14 €. La microbrasserie, avec ses belles cuves en cuivre, se visite sur rendez-vous.

Transformé en salle de concert les vendredis et samedis soir, le sous-sol se la joue rock'n'roll.

22, rue des Veaux • 03 88 36 12 13 • aubrasseur.fr • T.l.j. 11h-1h (minuit dim.) • Menu du jour 10 €.

VOIR AUSSI P. 29
Café de l'Opéra 17

Bars, clubs Sorties

Jeannette et les Cycleux

Branché 1 Plan p. 20

Conçu comme un hommage aux blousons noirs et aux pétrolettes, ce bistrot-buvette furieusement branché propose des verres de vin du meilleur tonneau, des cocktails, des planchettes fromage-saucisson, des sandwichs, des quiches, des soupes, des milk-shakes, du thé glacé, du chocolat chaud au spéculoos… le tout bercé par les standards des sixties. Un joli chemin de traverse.

30, rue des Tonneliers • 03 88 23 02 71 • T.l.j. 11h30-1h30 (2h30 ven.-sam.) • Carte 8-12 €.

Le Trolleybus

Éclectique 2

À deux pas des cinémas, dans l'un des nouveaux quartiers qui bougent, ce bar sympathique s'installe en terrasse et ne désemplit pas. Avec trois codirecteurs, l'éclectisme musical est au rendez-vous : hip-hop, chanson française et rock. Étudiants, touristes, habitués… tout le monde prend le Trolley !

14, rue Sainte-Barbe • 03 88 32 47 96 • Lun.-jeu. 11h-1h30, ven.-sam. 11h-4h, dim. 14h-1h30.

L'Odyssée

Cinémascope 3

Attention, piège à cinéphiles ! L'un des plus vieux cinémas du monde encore en activité a conservé sa superbe salle d'avant-guerre que l'on peut toiser à travers la vitre insonorisée du café-bar, à l'ambiance rougeoyante et bleutée. Envie d'une VO sous-titrée ? Faites-vous une toile en prenant une mousse ! Ceux qui boudent les salles obscures pourront s'installer en terrasse.

3, rue des Francs-Bourgeois • 03 88 75 10 47 • cinemaodyssee.com • Lun.-sam. 8h30-22h, dim. 14h-20h • Bière à partir de 3 €.

La Mandragore

Bar 4

Un petit café-bar insolite aux airs de cabinet de curiosités, niché derrière la place Kléber. Animaux empaillés, tabourets en peau de bête, papillons et coquillages composent un singulier cocon pour siroter de délicieuses pintes de bière ou la Mandragore, le mystérieux cocktail maison.

1, rue de la Grange • 03 88 22 38 71 • barlamandragore.blogspot.com • Mar.-sam. 16h-1h (minuit mer.-jeu.), dim. 16h-22h • Bière à partir de 4,50 €.

Opéra national du Rhin

Lyrique 5

Une institution à l'aura internationale, où ont résonné les plus grandes voix du siècle, de Teresa Berganza à Montserrat Caballé. Cogéré par Strasbourg, Mulhouse et Colmar, l'opéra propose 140 représentations annuelles (danse, récitals, concerts et spectacles jeune public) qui puisent aussi bien dans le grand répertoire que la création contemporaine.

19, pl. Broglie • rens. et rés. 0825 84 14 84 (0,15 €/min) • operanationaldurhin.eu • Billetterie lun.-ven. 12h30-18h30 et 1h avant la représentation.

Les Aviateurs

Institution 6

LE bar strasbourgeois qui dure. Ici, c'est l'*american dream* du temps passé : enseignes lumineuses, photos noir et blanc et variétés vintage. Pour les fans des fifties !

12, rue des Sœurs • 03 88 36 52 69 • les-aviateurs.com • Mar.-dim. 22h-4h • Whisky à partir de 9 €.

Shopping Cadeaux

Poterie d'Alsace

Artisanat 1 Plan p. 20

Pas besoin de filer à Soufflenheim pour cueillir de jolies poteries !

Opéra national du Rhin

Quatrième génération de la famille Lehmann, potiers depuis 1888, Sylvie et Kathia vous présentent leurs créations peintes à la main en vente directe depuis leur atelier de Soufflenheim. Une ravissante ribambelle de moules à kouglof, terrines à baeckeoffe (à partir de 35 €), cruches, bols et assiettes qui donnent envie de cuisiner et de dresser sa table à la mode alsacienne.

3, rue des Frères • 03 88 32 23 21 • poterie-alsace-strasbourg.eu • Lun. 14h-19h, mar.-sam. 11h-13h et 14h-19h.

Marché des producteurs

Locavore 2

Le marché le plus couru des Strasbourgeois et de nos voisins d'outre-Rhin qui ne regardent pas à la dépense ! Situés devant l'embarcadère, les petits producteurs de ce fastueux marché de bouche offrent la crème de l'Alsace gourmande : yaourts maison quetsches-cannelle, tartare de truites en pot concocté par un pêcheur professionnel, superbes foies gras…

Pl. du Marché-aux-Poissons, face embarcadère • Sam. 7h-13h.

Thierry Mulhaupt

Pâtisserie 3 et 4

Meilleur pâtissier de France, Marianne du meilleur kouglof : devant un CV pareil, autant arriver dans les deux boutiques de ce virtuose de la pâtisserie et magicien du CAO (Chocolat Assisté par Ordinateur) avec des yeux d'enfant… et le foie d'une jouvencelle ! Des petites merveilles d'inventivité et des plaisirs simples comme la brioche à la cannelle (1,50 €).

*mulhaupt.fr – **Pâtisserie :** 18, rue du Vieux-Marché-aux-Poissons • 03 88 23 15 02 • Mar.-ven. 8h45-12h15 et 13h30-18h, sam. 8h30-18h30, dim. 8h30-12h30 – **Épice et Chocolat :** 5, rue du Temple-Neuf • 03 88 32 43 80 • Mar.-ven. 10h-12h et 14h-18h, sam. 10h-12h30 et 13h30-18h – **Ateliers** (labos de Thierry Mulhaupt) : voir encadré p. 145.*

Curieux ?

Concept-store 5 et 6

Messieurs, passez le portail, entrez dans la cour et soyez curieux ! Ancienne usine textile reconvertie en concept-store indépendant, ce superbe shop baigné de lumière naturelle propose une sélection pointue de vêtements, sneakers, objets de créateurs, papeterie, parfums, cadeaux… déclinée en version

Se repérer

Chaque adresse est associée à une pastille de couleur numérotée :

- jaune pour les restaurants,
- violette pour les lieux de sortie,
- rose pour les boutiques.

Toutes les adresses sont positionnées sur les plans.

L'ALSACE BY NIGHT

Et le soir, qu'est-ce qu'on fait ? Sorties originales, insolites ou classiques, voici des idées d'activités nocturnes à faire en amoureux, en famille ou entre copains pour clôturer une belle journée de découverte.

Se faire une toile dans un ciné rétro

L'Odyssée est l'un des plus vieux cinémas du monde en activité. Atmosphère, atmosphère…

Voir p. 34, La Grande Île (Strasbourg).

Strasbourg la nuit en vélo-calèche

Une petite virée romantique sur roues quand la ville revêt ses habits de lumière.

Voir p. 39, La Grande Île (Strasbourg).

Turckheim la nuit

Visiter le Château-musée vodou à la lampe torche

Profitez des nocturnes pour visiter ce singulier musée niché dans un château d'eau à l'architecture romantique.

Voir p. 51, Autour de la Petite France (Strasbourg).

Décrocher la lune et les étoiles

Avec la grande lunette astronomique de l'observatoire, lors des nocturnes du planétarium de Strasbourg.

Voir p. 71, La Neustadt (Strasbourg).

Accompagner le veilleur de nuit…

… dans sa ronde à travers les jolies ruelles illuminées de Turckheim.

Voir p. 125, De Saint-Hippolyte à Turckheim.

féminine du côté de la Krutenau, avec la boutique *Curieuse* !

6a, quai Kellermann • 09 84 48 33 62 • Lun. 14h-19h30, mar.-sam. 11h-19h30 – Krutenau : 4, quai des Bateliers.

Maison Lorho

Fromagerie 7

Fichée en plein « cœur gourmand » de Strasbourg, la fromagerie de Cyrille et Christelle Lorho embaume des effluves de munster welsche (affiné au marc de gewurz, 9 €/pièce), de tomme orbelaise, de bargkaas des Vosges et des créations de la maison : fourme au cassis, camembert pomme calvados, tomme au thé rouge… Immanquable pour tous ceux qui ont du goût… et du nez !

3, rue des Orfèvres • 03 88 32 71 20 • maison-lorho.fr • Lun. 11h-19h, mar.-jeu. 9h-19h, ven. 8h30-19h, sam. 8h-19h.

Boutique du Gourmet

Foie gras 8

Accueil des plus agréables dans cette maison où le secret du foie gras se transmet de père en fils depuis 1852. Ici, on vous enseignera la différence entre l'oie (plus fine) et le canard (plus rustique), et on vous invitera à les associer à un pinot gris ou à un saint-émilion. Inutile de résister : vous êtes cuit !

26, rue des Orfèvres • 03 88 32 00 04 • bruck-foiegras.com • Lun. 14h-19h, mar.-mer. 9h30-12h et 14h-18h30 • jeu.-sam. 9h30-19h • Foies à la fleur de sel et vanille 30 €.

Au Millésime

Caviste 9

Bienvenue chez Michel Falck, le plus ancien caviste indépendant de Strasbourg ! La sélection de vins fins, alcools rares et spiritueux compte plus de 200 whiskies, de très vieux bas-armagnacs (60 millésimes à partir de 49 €) et une impressionnante collection de vins de prestige dont des blancs d'Alsace cueillis dans les meilleurs domaines et vignobles. Accueil remarquable de compétence.

7, rue du Temple-Neuf • 03 88 22 30 20 • aumillesime.com • Lun. 14h-19h, mar.-sam. 9h30-19h.

Œuf de Colomb

Curiosités 10

Œuf de Colomb ? L'expression désigne une idée simple mais ingénieuse. Voilà qui résume bien l'esprit de cette petite boutique où se trouvent pêle-mêle objets d'explorateurs (sphères armillaires), objets déco décalés, bijoux branchés (à partir de 5 €), insectes sous cadre, plantes et cactus. L'échoppe de Yoann, amoureux des sciences, est un petit cabinet de curiosités dans l'air du temps !

10, rue du Faisan • 09 73 61 60 71 • Mar.-ven. 10h30-12h30 et 14h-19h, sam. 10h30-19h.

Le Village de la Bière

Bières 11

« Bières spéciales », promet l'enseigne… C'est peu dire : de la bière au chocolat à la bière coco

Le Village de la Bière

en passant par l'eau-de-vie de bière… le « village », administré par le facétieux Alain, abrite 400 références ambrées, blondes ou brunes, dont des locales à découvrir comme Matten et Bendorf. L'incontournable de la « petite mousse » strasbourgeoise.

22, rue des Frères • 03 88 36 90 04 • Lun. 14h-19h30, mar.-ven. 10h-12h30 et 14h30-19h30, sam. 10h-19h30 • 3 € la bouteille en moyenne.

Activités Détente

Cyclorama

Balade nocturne en vélo-calèche

Adeptes de l'écomobilité ? Laissez-vous transporter en douceur à travers les ruelles de la vieille ville en vélo-calèche ou rickshaw (2 adultes, 1 enfant). Cyclorama propose plusieurs circuits de 30 à 90 min, déclinables en balades nocturnes, pour découvrir l'essentiel de Strasbourg en mode écolo. En option, une bouteille de vin bio ou de crémant à embarquer.

Aussi, des balades guidées à vélo : Strasbourg, grand tour jusqu'à Kehl ou excursion gourmande dans le vignoble.

Départ pl. de la Cathédrale • 06 16 56 22 62 • Rés. : cyclorama-strasbourg.com • 30 € la balade de 30 min • Vélo-taxi : 2 € puis 1 €/min.

Batorama

Croisière sur l'Ill en bateau-promenade

Pour admirer écluses, barrages et monuments au fil de l'eau, embarquez devant le palais Rohan ! De la Petite France aux institutions européennes en passant par le quartier impérial de la Neustadt, un parcours enrichissant (mais pas épuisant !) qui prend toute sa poésie à la nuit tombée. Audioguides adaptés aux petits moussaillons.

Embarcadère du Palais Rohan, pl. du Marché-aux-Poissons • 03 88 84 13 13 • batorama.fr • 4 à 35 départs/j. selon saison • Vente en ligne, à l'embarcadère (machine) ou à la boutique (18, pl. de la Cathédrale) • Plein tarif 13,50 € (1h10), gratuit Strasbourg Pass.

PETITE HISTOIRE D'ALSACE

Que de déchirements ! Intégrée à l'Empire franc de Charlemagne, puis au Saint Empire romain germanique, l'Alsace va rester allemande jusqu'à la conquête française au XVIIe s. Sans crier gare, la revoilà allemande après l'effroyable guerre de 1870, puis de nouveau française en 1918, et encore allemande dès juin 1940, et ce, jusqu'en 1944 : un ballottage entre deux nationalités, terreau de son identité singulière.

Le serment de Strasbourg

Si Charlemagne a beaucoup œuvré à l'unité de l'Empire franc, ses trois petits-fils vont mettre à mal cet héritage. Lothaire Ier revendique le pouvoir, mais ses deux frères, Charles le Chauve et Louis le Germanique, s'allient contre lui en 842 par le serment de Strasbourg, le premier texte en langue romane, ancêtre du français. De cette brouille, l'Empire carolingien ressort divisé ; l'Alsace passe bientôt au Saint Empire romain germanique, jusqu'au XVIIe s.

Le pape contre l'empereur

Au XIe s., l'Alsace est troublée par la querelle des Investitures, conflit d'influence entre les évêques de Strasbourg et de Bâle, fidèles à l'empereur, et les puissants comtes d'Eguisheim, qui soutiennent le pape. Un grand seigneur germanique prend les armes contre les Eguisheim : Frédéric de Hohenstaufen, dont le fils, Conrad III, est couronné empereur en 1138. Les Hohenstaufen deviennent maîtres de la région.

L'humanisme et la Réforme

Au milieu du XVe s., l'invention de l'imprimerie à Strasbourg par un exilé de marque, Gutenberg, en fait l'un des foyers de propagation de l'humanisme et du protestantisme, alimenté par le poète Sébastien Brant et le théologien Martin Bucer. Dès 1529, Strasbourg vote la suppression de la messe catholique. Pendant 150 ans, la cathédrale sera le temple de la Réforme. Les idées humanistes se diffusent aussi depuis l'école latine de Sélestat, l'une des plus réputées de l'Empire germanique.

L'Alsace devient française

Au début du XVIIe s., la dynastie catholique des Habsbourg règne sur la plus grande partie de la région. Après la guerre de Trente Ans

(1618-1648), qui oppose catholiques et protestants, l'Alsace intègre la France de Louis XIV, à l'exception de Mulhouse et de Strasbourg – cette dernière suivra en 1681.

En 1789, la Révolution reçoit un accueil enthousiaste, et c'est à Strasbourg, en 1795, qu'est créé le futur hymne national par Rouget de Lisle. Puis viennent la Terreur et les persécutions religieuses. En 1801, le Concordat signé par Napoléon rétablit la liberté religieuse.

L'Alsace dans le Reich

La guerre franco-allemande de 1870-1871 se solde par l'annexion du territoire au nouvel Empire germanique, que vient de proclamer Guillaume Ier, roi de Prusse. Les Alsaciens habitent désormais le Reichsland Elsass-Lothringen (la fameuse « Alsace-Lorraine »).

Nouvelle patrie, nouvelle langue. Le IIe Reich militarise la région, y fait immigrer massivement de « vieux Allemands », exhibe sa puissance par l'urbanisation et installe à Strasbourg une des meilleures universités de l'époque.

D'une guerre à l'autre

En 1914, 200 000 Alsaciens sont mobilisés dans l'armée allemande. Quatre ans plus tard, la région revient à la France, et les Allemands en sont expulsés. La parenthèse durera deux décennies avant une nouvelle annexion, par l'Allemagne nazie. L'Alsace subit alors un régime spécifique : inscription obligatoire aux Jeunesses hitlériennes, incorporation forcée de 42 000 soldats expédiés sur le front russe (les « malgré nous », 32 000 morts).

Libérée en novembre 1944, Strasbourg accueille cinq ans après le Conseil de l'Europe. Tout un symbole…

« Mère Strasbourg » : monument aux morts sur la place de la République

AUTOUR DE LA PETITE FRANCE

2

Canaux, écluses, vieilles bâtisses de pêcheurs et petits ponts confèrent au quartier le plus célèbre de Strasbourg le charme des cités vénitiennes ou flamandes. La Petite France ne doit pas son nom à l'esprit cocardier, mais à la funeste syphilis – taxée de « mal français » par les Allemands – soignée au XVIe s. dans un hospice du coin. Cette balade « les pieds dans l'eau » et sur fond de colombages vous fera franchir plusieurs siècles d'histoire, des splendeurs Renaissance aux fulgurances contemporaines du musée d'Art moderne.

Quai des Moulins

Voir le plan p. 20.

1 Saint-Thomas✦✦

L'immense église-halle de grès rose (XIIIe-XIVe s.) ne manque pas d'impressionner. Gothique « cathédrale du protestantisme alsacien », où s'illustra au XIVe s. le héraut de la réforme luthérienne **Martin Bucer**, elle tire sa gloire du chef-d'œuvre de Jean-Baptiste Pigalle, un superbe mausolée baroque édifié à la mémoire du maréchal de Saxe. L'orgue Silbermann eut l'honneur d'être effleuré par Mozart et par Albert Schweitzer, pasteur et médecin qui était aussi organiste et musicologue.

Pl. Saint-Thomas • saint-thomas-strasbourg.fr • T.l.j. 11h30-17h (18h mai-sept.).

2 Grand-Rue✦

Elle en a vu défiler des passants, l'ancienne voie romaine qui reliait Saverne à Argentoratum ! Bouillonnante d'animation avec son enfilade de boutiques, de bars et de restaurants, la Grand-Rue entretient son ancestrale tradition de commerce populaire. Vous foulez la plus longue artère du vieux Strasbourg, l'une des plus séduisantes aussi, avec sa collection de maisons Renaissance et du XVIIIe s.

3 Petite France★★★

Arrosé par l'Ill et par quatre canaux, ce ravissant delta fluvial quasi vénitien s'épanouit entre la rue des Dentelles et les ponts Couverts. Avec ses géraniums et ses colombages, le quartier est l'illustration parfaite de l'Alsace éternelle. Foulez ses petits pavés à l'aube ou au clair de lune, pour profiter pleinement de son charme romantique.

Rue du Bain-aux-Plantes★★★

On est au cœur de l'ancien quartier des Tanneurs avec ses adorables maisons à pans de bois des XVIe et XVIIe s. La maison Lohkäs (n° 25 ; p. 47) et la **maison des Tanneurs** (n° 42), ancien siège de la corporation transformé en restaurant, comptent parmi les plus belles. Levez les yeux : les larges ouvertures sur les toits pentus permettaient aux peaux tannées de sécher plus vite dans les greniers.

Place Benjamin-Zix★★★

Sur cette jolie place, ombragée de platanes, il fait bon se poser en terrasse, les yeux noyés dans la rivière et les colombages de la maison des Tanneurs, abondamment fleurie de géraniums du printemps à l'automne.

Rue des Dentelles★

Même si vous êtes irrésistiblement attiré par les odeurs de pain d'épice de Mireille Oster (p. 49), arrêtez-vous devant l'**hôtel de Rathsamhausen**, au n° 9. Bâti en 1587, il arbore une splendide façade sur cour avec tourelles d'escalier et arcades que précède une grande porte charretière.

Pont Saint-Martin★

Il offre une vue admirable sur les eaux de l'Ill qui activaient des moulins aujourd'hui disparus. Non loin, aux n°s 3-5 de la rue des Moulins, un hôtel de luxe a remplacé les grandes **glacières**. Jusqu'à l'arrivée du Frigidaire, cette usine à froid de 1895 fournissait en glace tous les restaurateurs et brasseurs de la ville. La chaîne de production, encore en état de marche, se visite lors des Journées du patrimoine.

4 Ponts Couverts★

Ne cherchez pas de… ponts couverts ! Les trois ponts édifiés à l'embouchure des quatre bras de l'Ill ont été dépouillés de leurs toitures en bois au XVIIIe s. Vestiges de l'ancienne muraille du XIIIe s., les quatre tours carrées qui les gardent, dont la sinistre tour du Bourreau proche du pont de l'Abattoir, ont servi de prisons jusqu'au XIXe s.

Le meilleur spot pour admirer la carte postale ? La terrasse du barrage Vauban, juste en face.

5 Barrage Vauban**

Un superbe pont-écluse de la fin du XVIIe s., joliment mis en lumière à la nuit tombée. Édifié sur des plans de l'ingénieur militaire vedette de Louis XIV, il barre l'Ill sur toute sa largeur et était censé, vannes fermées, arrêter l'ennemi en inondant le sud de la ville. Malgré les travaux de surélévation effectués au XIXe s., ce système s'est révélé insuffisant lors du siège de 1870.

Grimpez sur la **terrasse panoramique**, pour une vue grandiose sur le delta de l'Ill, les ponts Couverts et la Petite France.

Terrasse panoramique : entrée pl. Hans-Jean-Arp ou pl. du Quartier-Blanc • Mai-août t.l.j. 7h15-21h, mars-avr. et sept.-oct. 8h-19h, nov.-fév. 8h30-16h • Accès libre.

6 Musée d'Art moderne et contemporain*** (MAMCS)

Attention, lieu hautement (ré)créatif ! Le surprenant édifice de verre et de grès rose conçu par Adrien Fainsilber offre 5 500 m² aux productions artistiques d'Europe occidentale, de 1870 à nos jours : un itinéraire décapant qui conduit des pionniers de l'art abstrait aux ténors de l'art conceptuel, en passant par les fulgurances dada. Le tout complété par une librairie, un auditorium, une bibliothèque et un restaurant avec vue.

Art moderne

Impressionnisme, fauvisme, cubisme, surréalisme… Au rez-de-chaussée s'affichent des œuvres de Renoir, Monet (*Champ d'avoine aux coquelicots*), Gauguin, Kandinsky (réplique du *Salon de musique*), Braque, Picasso et Ernst, ainsi que les grands noms des arts décoratifs alsaciens, Charles Spindler et Rupert Carabin.

Outre une grande salle consacrée à l'illustrateur strasbourgeois **Gustave Doré** (1832-1883) et son monumental *Christ quittant le prétoire*, ce parcours historique accorde une place privilégiée aux collages et sculptures des avant-gardistes Jean Arp et Sophie Taueber-Arp.

Art contemporain

Le 1er étage, accessible par des passerelles et des coursives, offre un vaste panorama de l'après-guerre à nos jours : de l'Arte Povera (Boetti, Pascali) aux « déconstructeurs » (Buren, Rutault, Toroni), en passant par le mouvement Fluxus et l'art conceptuel de Christian Boltanski.

Affiches et photos

Les collections rassemblent quelques milliers d'œuvres, dévoilées au gré d'expositions thématiques à la découverte du fonds Gustave Doré, de l'ensemble d'affiches Belle Époque (Mucha, Toulouse-Lautrec...), des gravures allemandes modernes et des tirages photographiques des années 1920 à aujourd'hui (Charles Winter, Robert Mapplethorpe...).

1, pl. Hans-Jean-Arp • 03 68 98 50 00 • musees.strasbourg.eu • Mar.-dim. 10h-18h • Entrée 3,50 €, gratuite Strasbourg Pass et 1er dim. du mois.

7 Ancienne commanderie Saint-Jean✦

Littéralement les pieds dans l'eau, cet édifice a connu bien des affectations ! Chapelle de la Sainte-Trinité au XIIIe s., il tombe dans l'escarcelle des templiers puis des hospitaliers de Saint-Jean-de-Jérusalem entre les XIVe et XVIIe s., avant de servir d'hôpital pour teigneux et de prison pour « filles de mauvaise vie ». Ultime vocation : depuis 1992, il héberge l'École nationale d'administration (ENA).

1, rue Sainte-Marguerite.

Pause arty : Art Café

Pour déguster une salade Magritte (lentilles vertes et poisson fumé) ou une tartine Rodin (jambon de montagne et roquette), grimpez à l'*Art Café* situé au sommet du MAMCS. Les aplats de couleurs d'Aki Kuroda vous enchanteront tout autant que l'extraordinaire skyline qui se dessine depuis la terrasse panoramique.

24 Plan p. 20 • *1, pl. Hans-Jean-Arp (dans le MAMCS) • 03 88 22 18 88 • Mar.-dim. 10h-18h • Menu à partir de 17 €.*

8 Château-musée vodou✦✦

Diablement insolite ! Non seulement le musée a investi un magnifique **château d'eau** néoroman, qui servait à alimenter les locomotives à vapeur de la gare voisine, mais les objets qu'il renferme sont tout à fait exceptionnels : la plus grande collection privée au monde d'objets vodous d'Afrique de l'Ouest ! La visite audioguidée lève une part de mystère sur ces pratiques religieuses, médicinales ou divinatoires.

4, rue de Koenigshoffen • 03 88 36 15 03 • chateau-vodou.com • Mar.-dim. 14h-18h • Entrée 14 €.

Château-musée vodou

Restos | Bars | Hôtels | Shopping | Activités

Restos Bistrots

Secrets de Table

Snacking gourmet 18 Plan p. 20

Allier le pratique au gastronomique : voilà ce que le fils du chef Antoine Westermann offre aux abonnés du petit creux. Sandwichs excentriques (cabillaud ou artichauts), tartines à malices (ratatouille, mozzarella, curry…) et douceurs alléchantes (panna cotta aux framboises)… De la grande petite cuisine !

39, rue du 22-Novembre • 03 88 21 09 10 • secrets-de-table.fr • Lun.-sam. 8h30-18h • Sandwichs 4-6 €.

La Fignette

Tartes flambées 19

Petit vent de nouveauté sur la cuisine alsacienne dans ce chaleureux bistrot, où les tartes flambées sont cuites au feu de bois : le petit plus qui fait toute la différence ! En guise de mise en bouche, goûtez les bâtonnets de volaille panés aux bretzels ou le houmous alsacien avec une pointe de raifort. Bon plan : les portions et les prix sont divisés par deux pour les enfants.

5, rue de la Vignette • 03 88 32 91 82 • lafignette.com • Lun.-sam. 11h45-14h45 et 18h30-22h30 • Plat du jour 7,50 €.

Pacific Princess

Fusion 20

Déco paquebot sans en faire trop, lumière tamisée saupoudrée de notes jazzy… Une ambiance intimiste pour déguster un velouté de lentilles vertes du Puy et son émulsion coco, un œuf aux shiitakés et espuma de potimarron, un *pink burger* ou une viennoise de poulet avec sa sauce *Currywurst*. Le plus ? Les petits plats de l'« apéro time » sont servis de 14h30 à 23h.

1, rue des Dentelles • 03 88 24 00 03 • pacificprincess.fr • Mar.-dim. 12h-23h • Plats 13-26 €, apéro time 4-10 €.

La Rivière

Asiatique 21

Les huîtres au gingembre vous intriguent ? Le rumsteck de bœuf aux épices vietnamiennes vous interpelle ? Et que dire du foie gras aux épices iraniennes et son bouillon aux shiitakés ? *La Rivière* embarque vos papilles pour un voyage culinaire plein de délicatesse et follement fusion, entre saveurs asiatiques et iraniennes.

3, rue des Dentelles • 03 88 22 09 25 • Mar.-sam. 19h-22h • Plats 34-48 €.

Lohkäs

Winstub 22

Son nom désigne en alsacien une galette de tanin utilisée comme combustible. Implanté depuis trois générations dans l'ancien quartier des tanneurs, le *Lohkäs* mitonne d'excellentes choucroutes dans un cadre tout à la fois traditionnel et raffiné. Les faïences, le grand poêle, l'orgue mécanique… tout ravit le regard ! Les parlementaires raffolent de l'adresse.

25, rue du Bain-aux-Plantes • 03 88 32 05 26 • lohkas.com • T.l.j. 11h30-15h et 18h30-22h • Plats 18-30 €.

Café Bretelles

Coffee-shop 23

Café cool niché dans une vieille bâtisse pour un *breakfast* tardif à base de granola maison, jus de pomme et tartine de confiture, pour luncher d'un plat du jour vegan suivi d'un cheese-cake au spéculoos, ou une pause *latte macchiato*. Chez Café Bretelles, on se fournit localement, et le café, spécialité du lieu, est torréfié dans le quartier voisin de la Krutenau.

36, rue du Bain-aux-Plantes • 09 83 88 16 56 • cafe-bretelles.fr • T.l.j. 9h-18h • Plat 9 €.

Lohkäs

VOIR AUSSI P. 45
Art Café 24

Bars, clubs Sorties

Black & Wine Bar

Bar à vins 7 Plan p. 20

Dans un apaisant décor contemporain en noir et bois, le plaisir de déguster de bons vins, accompagnés de tartes fines ou de *jamón ibérico* fondant à souhait. La surprise de cet élégant bar à vins ? Un rooftop secret pour siroter aux beaux jours un vin d'été en apesanteur.

9, rue Hannong • 03 88 32 21 67 • blackandwinebar.com • Lun.-jeu. 18h-minuit, ven.-sam. 18h-1h, dim. 18h-23h, rooftop 17h-21h • 5-15 € le verre.

Bar Champagne

Romantique 8

Nid glamour pour parenthèse les yeux dans les yeux ! Le bar à champagne de l'hôtel *Régent Petite France* enveloppe les amoureux de son atmosphère chic et intimiste, doublée d'une vue magique sur les écluses illuminées à la nuit tombée. On s'éternise avec plaisir autour d'une petite coupe ! Et, en été, on se laisse bercer par les flots de l'Ill sur la terrasse au bord de l'eau…

5, rue des Moulins • 03 88 76 43 01 • regent-petite-france.com • T.l.j. 16h-23h • 6-12 € la coupe.

Théâtre Jeune Public

Marionnettes 9 et 10

Aménagé dans un ancien temple protestant, ce théâtre pour enfants présente des spectacles inventifs en lien avec les arts de la marionnette (à partir de 18 mois). Le TJP, Centre dramatique national pour l'enfance et la jeunesse, dispose d'une autre salle dans la Krutenau.

*03 88 35 70 10 • tjp-strasbourg.com – **Petite scène** (Petite France) : 1, rue du Pont-Saint-Martin, billetterie mar.-ven. 14h-17h. – **Grande scène** (Krutenau) : 7, rue des Balayeurs.*

Kitsch'n Bar

Cool 11

Tables en Formica, vieilles réclames en fer peint, pendules années 1960… Comme son nom le laisse présager, la déco fait dans le kitsch et le rétro rigolo. Un bar toujours plein et follement convivial, doublé d'une grande terrasse sur les quais, où l'on peut grignoter tartines, *crostini* ou frites maison.

8, quai Charles-Altorffer • 03 88 36 31 20 • Lun.-ven. 10h-1h, sam. 11h-minuit • Tartine 5 €.

Espace K

Humour 12

Véritable laboratoire de l'humour, ce théâtre du quartier de la gare a bien l'intention de vous dérider à coups de revues, parodies et personnages récurrents. École de théâtre et espace de création de la compagnie Le Kafteur, ce lieu multifacette s'ouvre au cirque, à la danse, au cinéma, à la musique… Pour les plus petits, le P'tit Kaf (programmation jeune public) a son mot à dire !

10, rue du Hohwald • 03 88 22 22 03 • espace-k.com • Spectacles 22-24 €.

La Laiterie

Concerts 13

Du noir, du lourd, du rock ! Cette ancienne laiterie industrielle est le temple du son brut dans toute la région : pop, métal, punk, house… mais aussi soul, hip-hop et world music. De grandes pointures y sont passées : Herbie Hancock, J. J. Cale, Placebo. Amateurs de mélodie sucrée s'abstenir !

17, rue du Hohwald • Tram B ou C ou bus ligne 15 (arrêt La Laiterie) • 03 88 23 72 37 • artefact.org • Concerts 12-25 €.

Hôtels B&B

Hôtel Tandem

Cyclodormeur ! 1 Plan p. 20

Point de chute tout trouvé pour les amoureux de la petite reine, juste à la sortie de la gare, cet hôtel écoresponsable et design loue des tandems et des vélos. Chambres « l'Échappée » ou « Tandem » pour un séjour en solo ou à deux, « Poursuivants » et « Peloton » pour les petites tribus. Chambres cosy avec têtes de lit façon guidon et selle en cuir : la preuve qu'ici on aime le vélo !

2, pl. de la Gare • 03 88 22 30 30 • hotel-tandem.fr • Double à partir de 90 €.

Shopping Cadeaux

Pain d'épice Mireille Oster

Gourmandises 12 Plan p. 20

Les parfums de beurre fondu, de cannelle et de fleur d'oranger qui flottent dans la rue attirent inévitablement les gourmands dans cette adorable boutique de Hansel et Gretel où se bousculent confitures et petits cochons en sucre. Cœur d'amour (3 €), pain des anges ou aux sept épices, étoile à la cannelle… autant de merveilles qui feront voler en éclats tous vos préjugés sur le pain d'épice !

14, rue des Dentelles • 03 88 32 33 34 • mireilleoster.com • T.l.j. 9h-19h.

Infos Covid-19

Compte tenu du contexte sanitaire, de nombreux sites et adresses sont amenés à restreindre leurs horaires d'ouverture et à s'adapter à la situation. Nous vous recommandons de vérifier les horaires et conditions de visite de chaque lieu et adresse sur leur site Internet ou leur page Facebook.

Little Nuage

Créatrice 13

Les amoureuses de belles choses seront sur un petit nuage en poussant la porte de cette échoppe. La pétillante Céline Ponton-Hirschmiller a créé un cocon doux et poétique où cueillir ses ravissants bijoux émaillés à l'esprit rétro et des pièces de créateurs locaux (à partir de 6 €) : céramiques, illustrations, textiles. Également, des ateliers créatifs (ci-dessous).

32, rue du Bain-aux-Plantes • 03 67 07 61 07 • littlenuage.fr • Mar.-jeu. et ven.-sam. 10h-19h, mer. 10h-12h30.

Le Terrier

Artisanat d'art 14

Entre galerie d'art pointue et cabinet de curiosités, la boutique-atelier de la céramiste Élodie Lesigne vous plonge dans un univers onirique peuplé d'un insolite bestiaire (tête de renard en céramique, 24 €) et de créations tout aussi singulières

Le Terrier

d'artisans de la région : sublimes papillons sous cloche, sculptures textiles, illustrations, broches et insectes en papier… autant de pièces uniques qui font l'éloge de la nature et témoignent de la vivacité de la création alsacienne.

6, rue du Coq • leterrier-strasbourg.fr • Mar.-ven. 13h-19h, sam. 16h-19h.

Goodvibes

Mode éthique 15

Branché et responsable ! Chez Goodvibes, on déniche les dernières tendances de la mode urbaine en piochant parmi des marques atypiques et exclusives, sélectionnées pour leur esprit éthique et durable : circuit de production court, impact réduit sur l'environnement, matériaux recyclés, coton bio… Une boutique homme et une boutique femme pour consommer autrement.

57 et 66, Grand-Rue • 03 88 23 28 56 • goodvibes.fr • Lun. 14h-19h, mar.-sam. 10h-19h.

Activités Détente

Little Nuage

Atelier créatif avec une artiste locale

Tous les samedis, Céline vous accueille dans son adorable échoppe pour des ateliers DIY en petits groupes autour d'artistes strasbourgeoises : illustration, broderie, gravure de tampons, couronnes de fleurs... Un moment de convivialité autour de la joie du fait-main, d'une tasse de thé et de petits gâteaux !

32, rue du Bain-aux-Plantes • 03 67 07 61 07 • littlenuage.fr • Mar.-jeu. et ven.-sam. 10h-19h, mer. 10h-12h30 • Ateliers sur rés., 30 € les 2h.

L'Échappée bière

Rallye-bière

Découvrir Strasbourg en résolvant des énigmes et en dégustant des bières locales ? C'est ce que propose ce jeu de piste bien arrosé. À vous de retrouver la recette, tenue dans un lieu secret, d'un brasseur de bière clandestin du XVIe s. Un défi d'orientation ludique dans la Petite France ponctué de nombreuses énigmes et de quatre dégustations de bières à l'aveugle avec questionnaire.

06 42 05 15 45 • Rés. : tourisme.echappee-biere.fr • 26 €.

Qui veut pister ?

Détective dans la Petite France

Strasbourg en mode polar ! Un naufrage est survenu dans le quartier, un homme est tombé à l'eau : accident, crime ou suicide ? Enquêtez et forgez-vous votre propre conviction ! 2h de jeu de piste dans les plus jolis recoins de la Petite France. Autres scénarios : retrouver le coupable de meurtres au pied de la cathédrale ou démasquer l'empoisonneur de Strasbourg.

Départ square Louise-Weiss • 06 38 58 90 51 • Rés. : quiveutpisterstrasbourg.com • Plein tarif 14 €.

Château-musée vodou

Rejouer *La Nuit au musée*

Prêt pour le grand frisson ? Visitez l'édifice et ses remarquables collections (p. 46) dans l'obscurité, simplement muni d'une lampe-torche ! Une façon originale d'explorer ce musée insolite, mine de découvertes magiques.

4, rue de Koenigshoffen • 03 88 36 15 03 • Dates et rés. : chateau-vodou.com • Plein tarif 14 €.

Chasse au street art dans le quartier gare

Le superbe poème graphique sur les façades du MAMCS vous a mis en appétit ? Foncez sur le site Strasbourg Street Art Map, une carte participative qui recense les meilleurs spots d'art de rue dans la ville. On y trouve un parcours dans le quartier de la gare (1h30), pour se laisser guider entre collages, peintures, graffitis, tags et installations d'artistes locaux et internationaux, dont le fameux chat jaune de M. Chat. Un autre parcours est proposé dans la Krutenau.

strasbourg.streetartmap.eu.

À LA CROISÉE DES CULTURES

L'identité alsacienne, mouvante et variée, est nourrie de nombreux particularismes. Si la langue régionale est en net recul, de nombreuses expressions traduisent une certaine volonté d'entretenir la différence, à commencer par « Français de l'intérieur » désignant les non-Alsaciens !

Tourner sept fois trois langues dans sa bouche

Mis à part de rares personnes, souvent âgées, qui ne s'expriment qu'en dialecte, tout le monde en Alsace parle couramment le français ! Pour autant, **l'alsacien** est loin d'être une langue morte puisque quatre adultes sur dix le parlent encore. Traduction d'ouvrages célèbres, programmes télévisés en dialecte… Il existe aussi une tradition bien vivante de théâtre et de cabaret alsaciens.

Ni allemand, ni patois, l'alsacien compte une multitude de variantes locales. Il appartient au groupe alémanique parlé dans le pays de Bade et la Suisse allemande. On estime aussi qu'un Alsacien sur dix est germanophone.

Foi et architecture

Bien décidé à affaiblir les protestants, le très catholique Louis XIV instaura le ***simultaneum*** : dans la plupart des lieux de culte, la nef fut attribuée

Mittelbergheim (Bas-Rhin) est l'un de ces villages aux deux églises

aux protestants et le chœur aux catholiques. Les frictions étant innombrables dans les églises-temples, on a construit au cours du XIXe s. de nouveaux sanctuaires pour mettre fin à la promiscuité. C'est l'origine de ces **« villages à deux clochers »** qui marquent le paysage alsacien.

Un statut religieux spécifique

Au moment de la séparation entre l'Église et l'État (1905), l'Alsace-Moselle était sous autorité allemande. En conséquence, certaines dispositions du **Concordat** sont toujours en vigueur depuis 1801 : les prêtres, pasteurs et rabbins sont des salariés de l'État, et la religion est enseignée à l'école primaire.

Cela ajoute également **deux jours fériés** : le Vendredi saint, qui précède le dimanche de Pâques, et la Saint-Étienne (26 décembre), comme en Allemagne. Quant au repos dominical, il reste sacré en Alsace.

Un droit local vivant

Si l'Alsace relève du droit français, elle a conservé **quelques dispositions légales spécifiques**, souvent héritées de la période allemande : un régime local de sécurité sociale plus intéressant que dans le reste du pays (financé par des cotisations plus élevées) ; des règles différentes sur les associations, qui peuvent avoir un but lucratif ; ou encore un droit du travail plus avantageux pour les salariés.

Hansi versus Ungerer

Tout le monde connaît **Hansi** (1873-1951 ; voir encadré p. 122), le fameux aquarelliste colmarien, qui a glorifié les petites gardiennes d'oie à coiffe noire et brocardé les (gros) Prussiens à monocle...

Deux générations plus tard, le non moins célèbre illustrateur strasbourgeois **Tomi Ungerer** (1931-2019 ; voir musée p. 65) a opposé à cet univers faussement naïf et cocardier un imaginaire impertinent, engagé, cosmopolite. Porte-parole d'une Alsace décomplexée qui revendique ses racines germaniques, Ungerer déclarait en 1982 : « J'ai été élevé par Hansi à haïr les Allemands. Il a mis son talent au service du mensonge. » ■

Une langue bien pendue

L'alsacien est une langue très imagée, qui véhicule un humour caustique. Souvent, les habitants d'une ville ou d'un village sont gratifiés d'un sobriquet : ceux de Ribeauvillé sont des *Bergappi* (« lourdauds des montagnes »), ceux de Strasbourg, des *Steckel burjer* (« bourgeois arrogants portant canne à pommeau ») et ceux de Riquewihr des *Tannzäpfelüller* : « suceurs de pommes de pin ». Allez savoir pourquoi !

LA KRUTENAU

3

Au sud de la Grande Île, la Krutenau remporte la palme du quartier le plus cool de la ville. C'est une atmosphère que l'on vient respirer dans cet ancien fief de pêcheurs et de bateliers. Point de ralliement des artistes et des étudiants, il est le cœur vibrant de la vie nocturne, bourgeonnant d'adresses inventives, de restos sympas et de bars animés. Dans cette ancienne banlieue lacustre, on jette l'ancre avec bonheur sur la plus jolie portion des berges de l'Ill !

Quai des Bateliers

Voir le plan sur le rabat avant.

1 Pont du Corbeau✦

Ce petit pont était au Moyen Âge le théâtre d'atroces supplices : les criminels et les femmes infidèles y étaient immergés au moyen d'une planche à pivot, jusqu'à ce que mort s'ensuive. Au XVe s., grand progrès : cette machine infernale est remplacée par une cage suspendue !

2 Ancien hôtel du Corbeau✦✦

Magnifique ensemble de tourelles, passerelles et colombages, la bâtisse a abrité de 1528 à 1854 le relais postal *Zum Rappe* (Au Cheval Noir), transformé en *Zum Rabe* (Au Corbeau). Des hôtes illustres ont fréquenté les lieux : Frédéric II de Prusse venu espionner la garnison sous un nom d'emprunt, Joseph II d'Autriche qui faisait étape pour rendre visite à sa sœur Marie-Antoinette, Jean-Jacques Rousseau, Gérard de Nerval ou Alexandre Dumas.

1, quai des Bateliers.

3 Musée alsacien✦✦✦

Une enseigne émaillée signale la présence de cet adorable musée des arts et traditions populaires. Reconstitutions d'intérieurs et d'ateliers d'artisans, costumes, coiffes à nœud, meubles peints, vieux jouets, imagerie populaire, objets dévotionnels rivalisant de beauté naïve… Venez vagabonder dans l'Alsace rurale du XIXe s. Une passionnante immersion dans le passé, où les nostalgiques de la robe blanche apprendront qu'en Alsace… la mariée était en noir !

23-25, quai Saint-Nicolas • 03 68 98 50 00 • musees.strasbourg.eu • Mer.-lun. 10h-18h ; f. 1er jan., Ven. saint, 1er mai, 1er et 11 nov., 25 déc. • Entrée 3,50 €, gratuite - 18 ans, Strasbourg Pass et 1er dim. du mois.

4 Cave historique des hospices de Strasbourg✦

Un lieu mythique ! Au sous-sol de ce grand ensemble baroque, situé au cœur de l'hôpital de la ville, **la plus vieille cave de Strasbourg** (1395) renferme un millésime de légende : un vin blanc de 1472 ! À défaut de déguster le plus vieux vin du monde en tonneau (il n'a été goûté que trois fois !), on peut visiter la magnifique galerie des foudres, vestige d'une époque où le vin était prescrit comme fortifiant. Dans ces gros tonneaux sont élevés des vins d'exception d'une trentaine de vignerons, à retrouver en vente à la boutique.

1, pl. de l'Hôpital • 03 88 11 64 50 • vins-des-hospices-de-strasbourg.fr • Lun.-ven. 8h30-12h et 13h30-17h30, sam. 9h-12h30 • Vis. libre de la cave.

5 Place d'Austerlitz✦

Au bout de la rue piétonne et commerçante du même nom, la place vibre d'une belle animation avec ses grandes terrasses de cafés. On y découvre un plan-relief en bronze de la Grande Île au XXIe s.

6 Quai des Bateliers et quai des Pêcheurs✦✦

Les quais de la rive sud de l'Ill déroulent un bel échantillon d'architecture rhénane, succession

Pause sucrée : Alain Kretz

Accueil d'une grande douceur dans cette pâtisserie-chocolaterie au charme désuet, où le touriste qui flâne sur les quais est aussi bien traité que l'habitué du quartier. Fondez pour un chocolat chaud, succombez au bourbon (crème brûlée à la vanille et biscuit au chocolat) ou au millefeuille du week-end (bavaroise aux marrons et compote de quetsches à la cannelle).

30 Plan rabat avant • *16, quai des Pêcheurs • 03 88 36 78 87 • Mar.-sam. 7h30-19h, dim. 8h30-18h • Pâtisserie à partir de 2 €.*

d'encorbellements et de colombages composant l'une des images pittoresques de la capitale alsacienne. Du **quai des Bateliers**, voué à la flânerie des piétons et des cyclistes, on profite d'une superbe vue sur le palais Rohan. Il flotte ici comme un petit air de vacances, à savourer autour d'un verre, sur l'une des terrasses ensoleillées des péniches amarrées au **quai des Pêcheurs**.

7 Rue Sainte-Madeleine✦

Faufilez-vous dans ce petit bout de rue emblématique de la Krutenau. Commerçante depuis toujours, un peu usée par endroits, elle a vu fleurir une poignée de petites boutiques de mode indépendantes entre les studios de tatoueurs et les coiffeurs branchés.

8 Place Sainte-Madeleine✦

Séquence people devant l'église du même nom, où fut célébré le mariage de Louis et Marie Pasteur en 1849. Juste derrière l'église, dont le chœur gothique date de 1478, découvrez les restes de l'**enceinte médiévale** du XIIIe s. À gauche, le beau portail Renaissance (1576) provient d'un hôtel de la rue Brûlée démoli en 1910.

9 Saint-Guillaume✦

C'est en traversant le ravissant **pont Saint-Guillaume** qu'il faut découvrir l'église : une véritable

Église Saint-Guillaume

curiosité visuelle que cette façade d'un blanc éclatant avec son clocher décalé ! Bâtie en 1300, l'ancienne église paroissiale de la corporation des bateliers est dédiée au culte protestant depuis le XVIe s. Si par chance elle est ouverte, vous y découvrirez de beaux vitraux du XVe s. de Pierre d'Andlau et le singulier tombeau à étage des frères de Werd.

1, rue Munch • F. pour restauration.

10 Manufacture des tabacs✦

Spécialisée dans la confection de cigares, cette imposante fabrique du XIXe s. témoigne de l'importance du tabac dans l'économie de la région. En pleine reconversion, l'édifice de grès rouge accueillera bientôt le « pôle scientifique » de l'université de Strasbourg et une grande auberge de jeunesse.

7, rue de la Krutenau.

Des alliés empressés

Sur la place du Pont-aux-Chats, la fontaine des Zurichois commémore une folle épopée. En 1576, afin de prouver leur rapidité en cas d'alerte, des Zurichois ont débarqué à Strasbourg du mil encore brûlant qu'ils avaient réchauffé en Suisse ! Pour fêter cette performance, on a bu pour la première fois la fameuse cuvée 1472 conservée aux hospices (voir p. 55).

11 École supérieure des arts décoratifs✦

Fan d'Art nouveau ? Allez admirer la façade de l'ancienne École des arts décoratifs (1892), aujourd'hui Haute École des arts du Rhin, ornée de somptueuses frises de céramique polychromes représentant les disciplines enseignées : architecture, peinture, sculpture, science, géométrie et archéologie. L'école a sa propre galerie d'expositions à deux pas, **La Chaufferie**.

*1, rue de l'Académie – **La Chaufferie :** 5, rue de la Manufacture-des-Tabacs • hear.fr.*

12 Centre européen d'actions artistiques contemporaines✦✦ (CEAAC)

Exemple captivant de réhabilitation de l'Art nouveau au service de l'art contemporain ! Du sol au plafond, en passant par l'escalier hélicoïdal, ce lieu d'exposition et d'expérimentation a maintenu une bonne partie du décor original des anciens magasins de verrerie et de porcelaine Neunreiter (1902), signé Adolf Zilly.

7, rue de l'Abreuvoir • 03 88 25 69 70 • ceaac.org • Mer.-dim. 14h-18h, f. en août • Vis. gratuite.

Restos | Bars | Hôtels | Shopping | Activités

Restos Bistrots

Au Pont Corbeau

Winstub

25 Plan rabat avant

La star des winstubs dans le cœur des Strasbourgeois ! Un décor qui vous propulse dans une peinture de Bruegel, avec boiseries sombres et vitres en cul de bouteille, une atmosphère *heimlich* (comme à la maison) et des plats d'anthologie : presskopf à l'ancienne, jambonneau grillé sur choucroute, tarte à la myrtille… L'Alsace éternelle se savoure ici !

21, quai Saint-Nicolas • 03 88 35 60 68 • Lun.-ven. 12h-14h et 19h30-23h, dim. 19h30-23h, t.l.j. en déc., f. sam. et 3 sem. en juil. • Menus 14 € (midi) et 31 €.

Fink'Stuebel

Winstub 26

Installé au bord de l'Ill, ce couple de Lorrains s'est forgé une solide réputation dans la corporation (très fermée) des winstubs alsaciennes. Décor douillet sans bibeloterie, accueil superbe et trio de foies gras mirifique. Un incontournable de la cuisine régionale de qualité.

26, rue Finkwiller • 03 88 25 07 57 • restaurant-finkstuebel.com • Mar.-sam. 12h-14h et 19h-22h30, f. en août • Plats 16-28 €.

Le Pont aux Chats

Locavore 27

« Made in France, c'est bien, made in Alsace, c'est mieux ! » Voilà la devise de ce chaleureux restaurant qui se fournit chez les petits producteurs du coin. La cuisine de marché et de saison revisite des classiques alsaciens comme les crosmequis de choucroute ou le burger au bleu des Vosges et à la sauce raifort, le tout servi dans un chouette décor façon récup'.

42, rue de la Krutenau • 03 88 23 52 53 • lepontauxchats.com • Mar.-sam. 12h-14h et 19h-21h15, f. mer. soir • Menu du jour 14 €.

Le Purgatoire

Bar à vins 28

Logé dans une ancienne chapelle du XVIe s., ce bar à vins contemporain a déposé ses bouteilles dans l'antre du mythique restaurant *Au Renard Prêchant*, ouvert en 1880. Le midi, on y propose une cuisine de marché. Le soir, place aux cocottes et aux planchettes pour accompagner l'une des 180 références de vin au verre ou en bouteille d'Alsace et d'ailleurs. Le plus : la terrasse au calme.

34, rue de Zurich • 03 88 35 62 87 • lepurgatoire.alsace • T.l.j. 11h-1h30 • Formules 23 €, 35 € et 39 €.

Le Labo

Burgers 29

Le fast-food version *healthy* ! Des burgers gourmands, sains et équilibrés, tel est le concept de ce labo culinaire imaginé par deux étudiants strasbourgeois, défenseurs du locavorisme et des produits de saison. De quoi croquer dans un burger sans culpabiliser : options pour végétariens et végétaliens, burger Elsass pour faire local, burger aux insectes (Molitor) pour les plus aventuriers !

22, rue des Balayeurs • 06 02 03 06 99 • Mar.-sam. 11h30-14h30 et 18h-22h, dim. 11h30-22h • Burgers 8-11 €.

VOIR AUSSI P. 55

Alain Kretz 30

Bars, clubs Sorties

Marché bar

Bistrot 14 Plan rabat avant

Boire une petite mousse, jouer aux dames, lire le journal et

NOS WINSTUBS PRÉFÉRÉES

Une belle spécificité alsacienne que la *winstub*, littéralement « pièce à vin ». Intime, chaleureuse et presque familiale, cette taverne – ancêtre du bar à vins – servait à l'origine à écouler le divin nectar accompagné de petits plats maison. Dorénavant, l'assiette a pris le pas sur la bouteille : même si le vin coule à flots, la cuisine (et l'ambiance !) « terroir » atteint ici des sommets.

Le Clou

Une institution. Dans ce cocon boisé hors du temps, la générosité des plats risque bien de vous clouer le bec.

Voir p. 32, Strasbourg (Grande Île).

Au Pont Corbeau

La winstub chérie des Strasbourgeois où l'on s'attable autant pour le décor que pour l'ambiance.

Voir p. 57, Strasbourg (Krutenau).

Fink'Stuebel

Poutres en bois apparentes, nappes à carreaux, verres à pied alsaciens, plats du terroir… Rien ne manque !

Voir p. 58, Strasbourg (Krutenau).

Au Bon Pichet

Derrière une façade décorée de fresques, quatre générations de cuisiniers aux fourneaux.

Voir p. 111, Sélestat.

Chez Suzel

L'authenticité et la simplicité d'une winstub familiale au cœur du ravissant village de Hunawihr.

Voir p. 127, Hunawihr.

La Grappe d'Or

La tradition alsacienne revue à la sauce contemporaine aussi bien dans la déco que dans l'assiette. Un mix réussi.

Voir p. 127, Riquewihr.

La Grappe d'Or (Riquewihr)

tâter le pouls de la Krutenau… voilà ce qu'offre ce petit bistrot d'habitués très ouverts aux nouveaux venus. Adorable terrasse bordée de marronniers.

62, rue de Zurich • 03 88 25 52 09 • Lun.-ven. 8h-1h30, sam. 11h-1h30.

Café Atlantico

Bar-péniche 15

Envie de tanguer sur l'Ill ? Bienvenue à bord de ce joli bar-péniche aux banquettes cosy, à l'atmosphère conviviale et aux prix très corrects. Burgers, salades et planchettes pour les petites faims. Délicieux et très recherché par beau temps !

19, quai des Pêcheurs • 03 88 35 77 81 • cafe-atlantico.net • T.l.j. 7h-1h30 • Bière pression à partir de 3 €.

La Salamandre

Discothèque 16

Proximité avec l'université oblige, c'est LE club de référence pour les soirées étudiantes. Déco industrielle et street art, avec *lightshow* et lasers de rigueur sur un grand dance-floor abreuvé de musique commerciale. Curiosité, le premier barman robotisé d'Europe prépare cocktails et boissons avec ses bras articulés au **BionicBar** !

3, rue Paul-Janet • 03 90 41 87 27 • lasalamandrestrasbourg.com • Jeu.-sam. 23h-7h • Entrée payante ou gratuite.

Théâtre de la Chouc'routerie

Cabaret-théâtre 17

Sous l'égide d'une gloire locale, Roger Siffer, ce théâtre trilingue (français, allemand et alsacien) s'est installé il y a bientôt 40 ans dans une ancienne choucrouterie à pans de bois du quartier Finkwiller. La revue satirique fait salle comble et la brasserie attenante ne désemplit pas. Dépaysement garanti !

20, rue Saint-Louis • 03 88 36 07 28 • theatredelachouc.com.

Shopping Cadeaux

Le Générateur

Créateurs 16 Plan rabat avant

Une vitrine de l'art et de l'artisanat locaux ! Dans cette boutique dans l'air du temps, née d'un projet collaboratif, ce sont les créateurs exposants qui vous accueillent à tour de rôle. Illustrations, bijoux, vaisselle, objets en papier, broderies vintage et rock'n'roll, céramiques, accessoires en bois, créations textiles, savons

Se repérer

Chaque adresse est associée à une pastille de couleur numérotée :

- jaune pour les restaurants,
- violette pour les lieux de sortie,
- rose pour les boutiques.

Toutes les adresses sont positionnées sur les plans.

Maison Bossert

et cosmétiques… Une mine de jolies trouvailles, de 3 à 100 € !

8, rue Sainte-Madeleine • 09 52 97 29 16 • generateur-strasbourg.fr • Mar.-sam. 10h-19h.

Maison Bossert

Folklore 17

Depuis 1825, à deux pas de la place du Corbeau, la maison Bossert fabrique, vend (et loue) des costumes alsaciens qu'elle modernise avec l'aide de stylistes. Elle propose aussi des tissus, rubans, boutons et dentelles, et toute une gamme d'objets d'artisanat d'Alsace (silhouettes en bois papier à partir de 6,50 €). D'authentiques souvenirs !

15, rue des Bouchers • 03 88 32 28 47 • maison-bossert.fr • Mar.-sam. 10h-12h et 13h30-18h30 (17h30 sam.).

Œnosphère

Caviste 18

Et si on sortait des sentiers (viticoles) battus ? Le caviste alternatif de Strasbourg, qui fait aussi bar à vins (jeu.-sam. soir), arrose naturellement les gosiers avec les crus de vignerons artisans, en bio ou biodynamie, et surprend les palais curieux avec des cépages rares ou des cuvées spéciales.

L'*Œnosphère* organise aussi des **cours d'œnologie** (mer. soir sur rés.), des **dégustations à thème** (sam. soir) et des soirées mets et vins.

33, rue de Zurich • 03 88 36 10 87 • oenosphere.com • Lun. 14h-20h, mar. 10h-19h, mer.-sam. 10h-23h • Cours 30 €.

Activités Détente

Tuk's Moving

Sillonner la ville en tuk-tuk écolo

Au départ de la place du Corbeau, vous embarquez pour un tour de ville avec commentaires audio à bord d'un tuk-tuk 100 % électrique.

Rés. : 06 52 10 03 32 • Trois circuits : vieille ville (35 min, 25 € pour l'intégralité de la voiture), institutions européennes (60 min, 45 €), ou combiné des deux (90 min, 60 €).

CHOUCROUTE, BRETZEL ET PAIN D'ÉPICE

L'Alsace à voir et à manger... Sur cette terre d'abondance, le tandem jarret de porc et nappes à carreaux cohabite avec le plus beau fleuron de la gastronomie ! Autant le dire franchement : ici, il sera héroïque – et sans doute regrettable – de conserver votre tour de taille.

Choucroute

Qui l'eût cru ? Le plat emblématique de l'Alsace arriverait... de Chine ! Venu dans les yourtes d'Attila ou les malles de Marco Polo, la *sürkrüt* (littéralement « chou aigre ») souffre d'une réputation de lourdeur... Faux : le chou fermenté parfumé aux clous de girofle est tout ce qu'il y a de plus diététique.

En revanche, les **knacks**, saucisses et morceaux de lard qui l'accompagnent pèsent bel et bien sur la balance ! Les connaisseurs la choisissent aux « trois poissons » (haddock, saumon et sandre).

Poissons

Tout l'or du Rhin (et d'ailleurs !) afflue dans vos assiettes : le sandre à la crème, la truite cuite au bleu, le brochet arrosé de pinot ou de riesling, la carpe frite du Sundgau... Et, bien sûr, la très emblématique matelote du Ried, sorte de bouillabaisse de poissons de rivière nappée de crème au riesling.

Viandes et charcuteries

Par où commencer ? Le **presskopf**, fromage de tête de porc en gelée ? Le **wadele**, petit jambonneau caramélisé ? Le **baeckeoffe**, potée aux trois viandes et légumes mijotée en terrine ? Ou le **schifele**, savoureuse palette de porc fumé ? Et comme tout est bon dans le cochon, vous aurez un choix presque infini de **wurscht** (saucisses) : **bierwurscht** (à la bière), **blüetwurscht** (boudin noir), **lawerwurscht** (au foie)...

Foie gras

On l'associe exclusivement au Sud-Ouest et on a bien tort : le foie gras est LE sommet de la gastronomie alsacienne. Son origine remonterait au Lorrain Jean-Pierre Clause, cuisinier du maréchal de Contades (voir p. 66), alors gouverneur d'Alsace, qui mit au point le fastueux « pâté à la

Contades » en 1780 : le plat fit un malheur à la table de Louis XVI.

Tarte flambée

Flammekueche, ou pizza à l'alsacienne. Servie sur une planchette en bois, cette pâte fine et craquante, garnie de crème fraîche, oignons et lardons, est parfois chamboulée avec du munster, du curry ou… du chocolat ! Meilleure mangée avec les doigts.

Pâtes et quenelles

C'est en Alsace et nulle part ailleurs : **fleischnaka** (« escargots de viande », une pâte farcie à la viande), **dampfnüdle** (petits pains levés à la vapeur) et **nüdle spätzle** (« petits moineaux », de drôles de gnocchis locaux)… sans oublier les **knepfle** (« quenelles ») au foie, au fromage, à la semoule et à la pomme de terre.

Fromage et fromage blanc

L'odoriférant **munster** aurait été inventé au VIIe s. par des moines… irlandais ! Ce fromage à pâte molle et croûte lavée donne toute sa mesure en été et en automne. Le **bibeleskas**, un fromage blanc acidulé, accompagne à la perfection un plat fumant de pommes de terre.

Quant à la récente **tomme du Ried** (1991), elle a été créée pour sauvegarder les prairies inondables de l'Ill : ainsi, vouées à nourrir les vaches, elles échappent à d'autres spéculations.

Flammekueche

Douceurs et pain d'épice

Il y a les stars : l'exquis **pain d'épice**, fabriqué dans la région depuis le Moyen Âge, et le dodu **kouglof** *(kugelhopf)*, brioche cannelée aux fruits secs.

Et des seconds rôles pas mal non plus : succulentes **tartes** de saison (aux myrtilles, à la rhubarbe ou aux quetsches), célébrissimes **bredele** (petits gâteaux de Noël) et croustillant **streusel** (au beurre et à la cannelle). ■

Le bretzel

Le saviez-vous ? La légende raconte qu'au XIIe s. un grand seigneur alsacien mit au défi son boulanger préféré de créer un gâteau au travers duquel le soleil brillerait trois fois. Salé ou sucré, moelleux ou brioché, ce petit pain « en forme de bras entrecroisés » est un gage de bonheur au Nouvel An.

LA NEUSTADT

4

Balade monumentale en perspective ! Larges avenues, vastes places, édifices imposants à l'extravagance néogothique ou néo-Renaissance, superbes villas Art nouveau... La *Neustadt*, « ville nouvelle », est sortie de terre après l'annexion de l'Alsace par l'Allemagne en 1871. Le but était double : héberger les administrations de la nouvelle capitale du Reichsland d'Alsace-Lorraine, et créer une vitrine à la gloire de l'Empire. Exemple unique d'urbanisme impérial de la période 1871-1918, elle a été classée par l'Unesco en 2017.

Palais du Rhin

Voir le plan sur le rabat avant.

1 Place de la République⁺⁺

Une place digne d'une capitale ! La ville impériale allemande s'est structurée à partir de cette esplanade monumentale, bordée de bâtiments officiels. Dans le jardin central, l'émouvant **monument aux morts** de Léon-Ernest Drivier (1936) représente une mère éplorée berçant ses deux fils agonisants : l'un regarde vers la France, l'autre vers l'Allemagne. Unis dans la mort, ils se donnent la main.

Palais du Rhin

Au n° 2, l'ancien palais impérial (*Kaiserpalast*, 1888) mêle hardiment Renaissance florentine et baroque allemand. Il a abrité un hôpital militaire durant la Première Guerre mondiale, le Q.G. de la kommandantur en 1940-1944 et... le poste de commandement du général Leclerc à la Libération. Depuis 1920, il est occupé par la Commission centrale pour la navigation du Rhin, le plus ancien organisme européen (1815).

Dans les anciens ministères du Reichsland d'Alsace-Lorraine, au nord, logent l'hôtel des impôts et la préfecture.

Bibliothèque nationale et universitaire

Au n° 6, l'impressionnante bâtisse néoclassique (1895) abrite le fonds le plus important après la BNF de Paris. Glissez un œil à l'intérieur : son gigantesque escalier hélicoïdal, ultracontemporain, est détonnant !

Juste à côté, le **Théâtre national de Strasbourg** (voir p. 70) a investi l'ancien palais du Landtag d'Alsace-Lorraine (parlement régional, 1892).

2 Saint-Pierre-le-Jeune✦ (catholique)

Coiffé de la plus vaste coupole d'Alsace (50 m de hauteur), de style néo-Renaissance, ce mastodonte néoroman de grès rose a été édifié par les Allemands à la fin du XIXe s. Ainsi était rendue à la confession luthérienne l'ancienne église Saint-Pierre-le-Jeune (p. 28), qui pratiquait le double culte catholique et protestant.

À l'angle des rues Finkmatt et du Général-Castelnau.

3 Avenue de la Liberté✦

Remontez les Champs-Élysées strasbourgeois ! Axe du pouvoir et du savoir, entre le palais impérial et le palais universitaire, la longue et large avenue en impose avec ses hôtels particuliers et l'extravagante façade néogothique du monumental **hôtel des postes** (5, av. de la Marseillaise). Pendant plus d'un siècle, la plus grande poste française en activité y siégea.

4 Musée Tomi-Ungerer✦✦ (Centre international de l'illustration)

Une bulle d'impertinence et de créativité ! Livres, dessins, affiches, cartes postales, sculptures et une collection de jeux et jouets : voilà en substance ce qu'a cédé le génial illustrateur strasbourgeois à sa ville natale. Une immersion réjouissante dans l'univers de **Tomi Ungerer** (1931-2019), des illustrations pour enfants aux œuvres macabres et érotiques (âmes sensibles, évitez le sous-sol), en passant par la satire politique et la publicité.

Villa Greiner • 2, av. de la Marseillaise • 03 68 98 50 00 • musees.strasbourg.eu • Mer.-lun. 10h-18h • Entrée 6,50 €, gratuite - 18 ans, Strasbourg Pass et 1er dim. du mois.

5 Passerelle du Faux-Rempart✦

Si cette passerelle 1900 vous envoie tout droit chez Mary Poppins, vous n'avez encore rien vu ! Au n° 1, rue des Pontonniers, s'élève le plus irrésistible des **lycées de jeunes filles** (aujourd'hui mixte). Fondé en 1902 pour soustraire ces demoiselles à l'influence francophile des religieuses, le bâtiment revisite l'architecture

Passerelle du Faux-Rempart et lycée de jeunes filles

germanique du XVIe s. (clochetons, toiture) et réintègre d'authentiques colombages. Nombre d'idylles se sont nouées à l'ombre des forsythias.

Rue Pierre-Bucher et quai Lezay-Marnésia.

6 Saint-Paul✦✦

Situé au confluent de l'Ill et de l'Aar, cet élégant sanctuaire protestant (fin XIXe s.) est la copie (presque) conforme de l'Elisabethkirche de Marburg (en Allemagne), une grande église-halle gothique du XIIIe s. Reconnaissable à ses hautes tours de 76 m, l'édifice fut conçu pour la garnison du Reich, d'où les nombreuses portes permettant de sortir en urgence…

1, pl. du Général-Eisenhower • Ne se vis. pas.

7 Parc du Contades✦

Offrez-vous une parenthèse verte dans ce parc, créé au XVIIIe s. par le maréchal de Contades et dont la bonne société strasbourgeoise avait fait son lieu de promenade « hors les murs ». Rattrapé par la ville, l'endroit ne manque pas de cachet avec son petit kiosque en fonte et la rivière Aar qui le longe.

À l'ouest se dresse la **Grande Synagogue de la Paix**, édifiée en 1958 pour remplacer le sanctuaire historique (quai Kléber), détruit par les nazis en 1940. Elle est le principal lieu de culte de l'importante communauté juive de Strasbourg.

20, av. de la Paix.

8 Palais universitaire✦

Luther, Kant, Leibniz… 36 statues de sommités allemandes ornent la façade de cet édifice de style Renaissance italienne (1884). Précédée par la statue de Goethe, qui vint étudier le droit à Strasbourg en 1770, l'université se posait en véritable « phare » de la culture germanique. La première séance du Conseil de l'Europe s'est tenue ici en 1949. Tout un symbole !

9, pl. de l'Université.

9 Bains municipaux✦✦

Inaugurés à l'époque allemande (1908), au temps où le spa s'appelait encore « hydrothérapie », les superbes bains romains (installations thermales) tapissés de marbre blanc et la piscine millésimée Art nouveau, voûtée en berceau et ornée de remarquables vitraux, offrent un voyage dans le temps sous l'œil vigilant des statuettes néoantiques.

10, bd de la Victoire • 03 88 25 17 58 • F. pour restauration, réouv. prévue fin 2021.

10 Musée zoologique✦✦

18 000 insectes, 11 000 poissons et reptiles, 1 500 mammifères… le musée d'histoire naturelle, c'est l'Arche de Noé ! Dans son imposant bâtiment de 1893, on découvre des spécimens rarissimes et le cabinet de curiosités de **Jean Hermann**, le savant du XVIIIe s. qui rassembla ce fonds exceptionnel. Expositions temporaires, ateliers découverte et espace enfants.

29, bd de la Victoire • 03 68 98 50 00 • musees.strasbourg.eu • F. pour restauration jusqu'en 2023.

11 Jardin botanique✦

Le tout premier jardin botanique de la ville a fleuri en 1619. Utilisé comme cimetière durant la guerre de 1870, il a été réinstallé à l'arrière de la nouvelle université. La grande **serre de Bary**, qui abrite un nénuphar géant d'Amazonie, date de l'inauguration, en 1884. Arboretum, serres chaudes et froides, petit étang… ce lieu délicieusement hors du temps est propice à la rêverie.

Selon les saisons, expositions, rencontres, animations festives (consultez le calendrier) !

Pause glace : Chez Franchi

Ah, Franchi ! Les Strasbourgeois en ont des trémolos dans la voix ! Il faut dire que depuis 1935 cet artisan glacier d'origine italienne régale les bambinos alsaciens de sorbets, marrons, crêpes et gaufres. Passage obligatoire par cette charmante échoppe lors d'une promenade à l'Orangerie… notamment pour son inoubliable cornet yaourt-forêt noire à 3 €. Deux autres adresses, dans le parc de Contades et sur la Grande Île.

36 et **37** Plan rabat avant • *80, allée de la Robertsau • 03 88 36 80 80 • Été lun. 13h-19h, mar.-dim. 9h30-23h30, hors saison mar.-dim. 8h-19h – **Parc de Contades :** 5, rue René-Hirschler – **Grande Île :** 5, rue des Francs-Bourgeois.*

28, rue Goethe • 03 68 85 18 65 • jardin-botanique.unistra.fr • Mai-août t.l.j. 14h-19h, mars-avr. et sept.-oct. 14h-18h, nov.-déc. 14h-17h, f. 24 déc.-28 fév. • Entrée libre • Ateliers découverte sur rés. 03 90 24 18 86.

12 Planétarium✦

Rendez-vous sous la coupole, nichée entre les arbres du Jardin botanique, pour un voyage dans le cosmos. La **Crypte aux étoiles**, ponctuée de bornes multimédias, permet de découvrir une collection d'instruments scientifiques anciens : horloge à double cadran, lunette méridienne… Un nouveau planétarium est prévu pour fin 2022.

4, rue de l'Observatoire • 03 90 24 24 50 • jardin-sciences.unistra.fr/planetarium • F. sam. et j. f. • Rés. obligatoire • Entrée 6 €.

13 Parc de l'Orangerie✦✦

Voici le parc historique de la ville. Aménagé à la fin du XVIIe s., ce havre romantique offre un jardin à la française, un parc à l'anglaise, un lac où canoter (5 € les 30 min), un petit zoo réunissant singes, aras et cigognes – c'est ici que le volatile, menacé de disparition, a été réintroduit en 1971. Sans oublier la miniferme, la ferme alsacienne du XVIIe s., reconvertie en restaurant gastronomique (*Le Buerehiesel*, p. 69), et toutes sortes de curiosités ornementales dignes d'un décor d'opéra de Wagner : cascade artificielle en rocaille et temple d'amour.

N'y cherchez pas les **orangers** : ils ont brûlé dans l'incendie de l'Orangerie (pavillon Joséphine) en 1968 !

Bd. du Président-Edwards • Parc ouv. 24h/24, zoo en accès libre 8h-17h, mini-ferme mer., sam., dim. et j. f. 14h15- 17h45 (adulte 2 €).

Restos | Bars | Hôtels | Shopping | Activités

Restos Bistrots

Pâtisserie Kubler

Sucré-salé 31 Plan rabat avant

Dans l'antre sucré de Philippe Volck, on se régale de pâtisseries traditionnelles remises au goût du jour, de desserts glacés et d'une ribambelle de bonbons en chocolat. Goûtez l'hawaïen, macaronage d'amandes, crème légère d'ananas et ananas frais, le fameux cake à l'orange ou fondez pour un hérisson (3,50 €). Petite restauration traiteur au déjeuner : quiches, salades, feuilletés, sandwichs et bouchées à la reine.

29, av. des Vosges • 03 88 35 22 27 • www.kubler.fr • Mar.-sam. 7h30-19h, dim. 7h30-17h.

Chez mon Ex

Bistrot 32

La devise de Chez mon Ex ? Il y a à boire et à manger ! Un bistrot cool aux murs noirs gribouillés de blanc ou bardés d'azulejos pour picorer une planchette de charcuterie, grignoter sur le pouce (croque-monsieur, salades, burgers…) ou se tailler une bavette, une entrecôte ou un cordon-bleu.

17, bd de la Victoire • 03 88 37 31 74 • Lun.-sam. 11h-22h30 (23h ven.-sam.) • Plat autour de 14 €.

Vélicious

Vegan 33

Premier resto de Strasbourg 100 % dédié aux adeptes d'alternatives végétales, *Vélicious* propose des plats maison préparés avec des produits de saison, bio et locaux en majorité : gaspacho, wrap, tartare, planchette méditerranéenne, hot-Vog (saucisse végétale)… Coin épicerie pour se concocter un authentique pique-nique vegan.

43, rue Geiler • 09 72 53 07 35 • velicious.fr • Lun.-sam. 12h-14h30 et 19h-22h, salon de thé 14h30-19h • Formule déj. 15 €.

Emporio Casella

Italien 34

La Botte en barquette ! On s'arrête chez ce traiteur italien pour un petit déj' tardif (dès 10h30), la pause déjeuner ou un en-cas de fin d'après-midi : cuisine sur le pouce et plats du jour élaborés avec des produits frais et de saison, à emporter ou à déguster sur place.

13, bd Tauler • 03 88 36 78 34 • emporiocasella.fr • Lun.-mar. et jeu.-ven. 9h-15h et 17h-19h, sam. 9h-14h • Plat du jour 10 €.

Le Buerehiesel

Gastronomique 35

La tradition à son sommet ! Au cœur de l'Orangerie, le fils d'Antoine Westermann, l'homme-orchestre de la cuisine strasbourgeoise, chapeaute ce restaurant si réputé. Un échantillon de la merveille ? Les cuisses de grenouille poêlées au cerfeuil, la poulette fermière d'Alsace cuite comme un baeckeoffe et la brioche caramélisée à la bière.

Le Buerehiesel

4, parc de l'Orangerie • 03 88 45 56 65 • buerehiesel.fr • Mar.-sam. 12h-13h30 et 19h30-21h30 • Menus 44 € (mar.-ven. midi), 79 € et 114 € (hors boissons).

VOIR AUSSI P. 67

Chez Franchi 36 et 37

Bars, clubs Sorties

Théâtre national de Strasbourg

Dramaturgie 18 Plan rabat avant

Sous son superbe toit à l'italienne, l'ancien palais du Landtag abrite le centre d'art dramatique de la ville, devenu scène nationale sous l'impulsion d'André Malraux. Au programme, la crème de la création contemporaine, de France et d'ailleurs.

1, av. de la Marseillaise • 03 88 24 88 00 • tns.fr • Billetterie lun. 14h-18h, mar.-sam. 10h-18h.

La Taverne Française

Bar 19

Envie de capter l'atmosphère du quartier universitaire ? Studieuse en journée, joyeuse en soirée, l'adresse est un repaire d'étudiants et d'habitués, réputé pour ses bonnes bières et sa bonne ambiance. Un concentré de vie locale au milieu des bosseurs qui révisent leurs partiels sur les tables en bois patiné ou des amis qui se retrouvent dès 16h pour trinquer autour d'une mousse.

12, av. de la Marseillaise • 03 88 24 57 89 • Lun.-jeu. 8h30-1h, ven. 8h30-3h, sam. 14h-3h.

Café Brant

Brasserie 20

Ouverte en 1898, l'enseigne vous plonge dans l'univers des grands cafés viennois avec boiseries, colonnes, lustres Art déco. Autrefois lieu de rendez-vous des étudiants, le café a perdu son ambiance populaire pour des accents un peu plus snobs. En été, on profite de la grande terrasse pour boire un verre face au palais universitaire.

11, pl. de l'Université • 03 88 36 43 30 • www.cafe-brant.fr • Lun.-ven. 7h-20h, sam. 7h-19h, dim. 8h-19h.

L'Orchestre philharmonique de Strasbourg

Fondé en 1855, le très prestigieux et très romantique OPS continue d'explorer le patrimoine germanique et slave (Brahms, Beethoven, Chostakovitch...). Un orchestre de renommée internationale qui se produit au palais de la Musique et des Congrès.

Av. Herrenschmidt • 03 88 15 09 00 • philharmonique.strasbourg.eu.

Activités Détente

Les Cent Ciels

Se détendre au hammam

Le plus grand hammam d'Alsace ! Sols parés de mosaïques, murs en enduit Tadelakt traditionnel, alcôves, lanternes anciennes, fontaines... Sacrifiez au rituel de beauté oriental dans les volutes d'encens et une atmosphère raffinée. Un gommage et un enveloppement au rassoul, et vous ressortirez complètement zen avec une peau de bébé !

12, rue Finkmatt • 03 90 22 78 78 • strasbourg.hammam-lescentciels.com • Jeu.-mar. 10h-22h (certains horaires réservés aux femmes) • Initiation 32 € sans r.-v.

Planétarium

La tête dans les étoiles

Le Planétarium organise certains soirs des observations du ciel nocturne. Une bonne façon de comparer les performances de la grande lunette astronomique (1881) à celles de jumelles, télescopes et autres dispositifs optiques de facture moderne. N'oubliez pas vos lampes de poche et vos vêtements chauds !

4, rue de l'Observatoire • 03 90 24 24 50 • jardin-sciences.unistra.fr/planetarium • Certaines nocturnes gratuites.

Planétarium

Strasbourg Eaux Vives

Canoë ou kayak dans la ville

Découvrir les institutions européennes, la Neustadt, l'écluse de la Petite France et le barrage Vauban en pagayant, voilà qui est original ! Ce club propose une traversée encadrée de la ville ainsi que différents parcours de randonnée autonome en pleine nature. Pour une expérience insolite, le circuit en Dragon Boat (embarcation ancestrale asiatique) vous embarque jusqu'au port du Rhin et au quartier Rive-Étoile.

36, rue Pierre-de-Coubertin • 03 88 31 49 00 • strasbourgeauxvives.org • vis. guidées 2h, 35 €, à partir de 8 pers.

BALADE ART NOUVEAU À VÉLO

Une débauche de fleurs, de feuilles et de branches... Au tournant du XXe s., dans les belles avenues résidentielles du quartier allemand, fleurissait une ligne architecturale « ondoyante » d'inspiration végétale : le Jugendstil ou Art nouveau, qui a essaimé tout autour de l'avenue des Vosges et de l'allée de la Robertsau.

Informations pratiques : voir p. 166

Autour de l'avenue des Vosges

À l'angle des rues de Phalsbourg et Sellénick, le **palais des Fêtes** (1903) surprend par son éclectisme. Mix de néogothique, de néo-Renaissance et d'Art nouveau, la principale salle de concert à l'époque impériale a accueilli des musiciens prestigieux dont Gustav Mahler et Richard Strauss.

La **maison Égyptienne** (10, rue du Général-Rapp) vous catapulte ensuite au temps des pharaons avec sa surprenante façade polychrome parée de figures égyptiennes (1905).

Enchaînez avec un coup d'œil sur le plus bel **immeuble de rapport** de la ville (22, rue du Général-de-Castelnau), ses fantaisies décoratives splendides inspirées de la fleur de lotus, sa femme-fleur et sa marquise façon station de métro de Guimard.

Maison Égyptienne

Autour de l'allée de la Robertsau

Pédalez jusqu'à la **villa Brion** (22, rue Sleidan), petit bijou tout en courbes, puis laissez-vous charmer par le portail en ailes de papillon de la **villa Knopf** (10, rue Schiller), véritable déclaration d'amour au style Guimard.

Le long de l'allée de la Robertsau, lieu de promenade des Strasbourgeois à l'époque du Reichsland, ne manquez pas l'**immeuble de rapport** du n° 56, son oriel (fenêtre en saillie) en baies de rosiers, ses consoles en défenses d'éléphant et ses faïences polychromes. Un joli prélude à la tout aussi fleurie **villa Schützenberger** (n° 76), réalisée en 1899 pour le brasseur Louis Oscar Schützenberger. ■

S'OXYGÉNER DANS LA FORÊT DE LA ROBERTSAU

Au nord de la Neustadt et du quartier européen, la luxuriante forêt rhénane a conservé de somptueuses parcelles foisonnantes de chênes, de lianes et de lierres qui lui donnent des allures de forêt vierge, baignées d'étangs creusés par les anciennes crues du Rhin.

Classée réserve naturelle nationale, cette forêt présente une diversité d'essences d'arbres inégalée en Europe. Et dire qu'à seulement 5 km de la cathédrale on peut observer aigrettes, martins-pêcheurs et hérons cendrés !

Du **château de Pourtalès**, avec son parc planté de statues classiques et contemporaines, un sentier de découverte (1,4 km) offre une introduction à ce milieu si particulier.

Il se prolonge par le sentier du Thalerkopf (2,2 km, facile, balisage noir et jaune) qui vous mènera aux abords de l'île aux Tarpans, peuplée de ces petits chevaux sauvages d'Europe orientale, et de l'**étang du Thalerkopf**, dans un monde fourmillant de vieux saules têtards, de fougères, de bouleaux et d'aulnes aux racines vagabondes.

INFORMATIONS PRATIQUES

- De nombreux sentiers balisés invitent à de belles promenades rafraîchissantes, à pied ou à vélo, dans ce labyrinthe de cours d'eau et d'îlots.
- Accès : 161, rue Mélanie (bus n° 15, arrêt Lamproie-Robertsau, puis 10 min à pied jusqu'au château de Pourtalès).
- Départs des sentiers : château de Pourtalès (parking rue Mélanie) et ferme Bussière (parking rue Kempf).

Château de Pourtalès

STRASBOURG L'EUROPÉENNE

La capitale de l'Alsace partage avec Genève et New York le privilège d'accueillir des institutions internationales sans être capitale d'État. En juste retour des choses, les blessures de l'histoire ont fait de Strasbourg le symbole de la réconciliation. En quelques décennies, son tragique destin transfrontalier s'est transformé en brillante vocation européenne.

Quelques institutions

C'est à Strasbourg, en 1949, qu'est né le **Conseil de l'Europe**, qui œuvre pour la sauvegarde des droits de l'homme et des valeurs démocratiques dans le Vieux Continent. De son côté, l'**Institut international des droits de l'homme**, établi en 1959 par le prix Nobel de la Paix René Cassin, travaille à la formation de juristes du monde entier. La **Cour européenne des droits de l'homme**, également fondée en 1959, est chargée de faire respecter les droits fondamentaux.

Enfin, le **Parlement européen**, éclaté entre Strasbourg, Luxembourg et Bruxelles, est l'organe législatif de la vieille Europe et la seule institution dont les membres sont directement élus par les citoyens européens.

C'est aussi ça, l'Europe !

L'Europe n'est pas seulement politique. Basée à Strasbourg, la chaîne culturelle franco-allemande **Arte** (1991 ; acronyme d'Association relative à la télévision européenne) a pour but de « favoriser le rapprochement » des peuples du Vieux Continent. La **Pharmacopée européenne** (1964) sélectionne et certifie les médicaments pour les États membres, et la **Fondation européenne de la science** (1974) promeut la coopération en matière d'innovation scientifique.

Le parc des Expositions accueille l'immense Foire européenne de septembre et la Foire européenne d'art contemporain ST-ART en novembre.

Triomphe du verre et du métal

C'est dans le quartier de la Robertsau, sur la rive nord

Le Lieu d'Europe

Expositions, jeux, débats, rencontres, concerts, projections… c'est LE lieu pour s'informer sur l'histoire de l'Union européenne, ses institutions, ses enjeux et ses richesses culturelles. Nombreuses animations en mai, pendant le mois de l'Europe.

8, rue Boecklin • tram E, arrêt Boecklin-Lieu d'Europe • 03 68 00 09 10 • lieudeurope.strasbourg.eu • Mar.-dim. 10h-18h • Entrée libre.

de l'Ill, que les bâtiments des institutions européennes affichent leurs courbes futuristes. Notez que ces prestigieux édifices sont rarement accessibles au public, à l'exception du **palais de l'Europe** et du **Parlement européen**.

Rien ne vous empêche d'aller contempler, à vélo ou en bateau, la superbe ellipse de verre et de métal (1998) de ce dernier et le très high-tech **palais des Droits de l'homme** (quai Ernest-Bévin), conçu comme une balance de la justice par Richard Rogers en 1995.

Palais de l'Europe : *av. de l'Europe • 03 88 41 20 29 • coe.int • vis. guidée gratuite lun.-ven. sur rés.*

Parlement européen : *allée du Printemps • 03 88 17 20 07 • europarl.europa.eu • vis. audioguidée gratuite lun.-sam. 9h30-12h et 13h-17h.*

Un drapeau made in Alsace

Pour réviser les drapeaux des 47 États membres du Conseil de l'Europe (à ne pas confondre avec les 27 États membres de l'UE), rendez-vous devant le palais de l'Europe.

Emblème de l'identité européenne, la bannière étoilée est strasbourgeoise de naissance… même si elle a été inaugurée à Paris en 1955. Et pour cause : le drapeau azur a d'abord représenté le Conseil de l'Europe avant d'être progressivement adopté par toutes les institutions européennes. Le cercle d'étoiles figure la solidarité et l'harmonie entre les peuples, et le nombre 12, symbole de perfection et d'unité, est fixé pour l'éternité (ou presque !) indépendamment des élargissements successifs du Conseil de l'Europe ou de l'Union européenne. ■

LA PRESQU'ÎLE MALRAUX ET LE QUARTIER DES DEUX-RIVES

5

Aux antipodes de la Grande Île et de ses colombages, voici le quartier portuaire où Strasbourg se réinvente, réhabilite ses friches gigantesques, bourgeonne d'habitations écolos et de palpitants spots culturels. Avec l'ambitieux projet urbain Deux-Rives, la ville renoue avec le Rhin et se rapproche de sa voisine allemande : Kehl est au bout du tram ! Il fait bon flâner du côté de la presqu'île, avec ses passerelles, ses transats design et ses terrasses au bord de l'eau.

Médiathèque André-Malraux

Voir le plan sur le rabat avant.

① Presqu'île Malraux✦✦

Îlot d'animation urbaine, l'ancienne friche portuaire bordant le bassin d'Austerlitz a connu une métamorphose spectaculaire. Voisinant avec d'immenses grues métalliques, la **médiathèque André-Malraux**, bardée de citations d'écrivains, a investi l'ancien entrepôt Seegmuller, qui fait face au centre commercial Rivetoile et au cinéma UGC Ciné Cité. Rebaptisé Les Docks, l'entrepôt voisin abrite des logements, des restaurants et le **Shadok, fabrique du numérique**, lieu d'expérimentation et de partage autour des cultures numériques.

À ce paysage minéral se sont ajoutés les silhouettes noir, bleu et rouge des trois **tours Black Swans** et l'écoquartier Danube, dominé par les reflets chromés de la tour à énergie positive **Elithis**.

Tram ligne E ou C, arrêt Winston-Churchill. *– **Shadok :** 25, presqu'île André-Malraux • 03 68 98 70 35 • shadok.strasbourg.eu • Mer.-sam. 14h-18h + événements en soirée.*

2 Le Vaisseau✦✦

Une bonne dose de fun pour scientifiques en herbe ! Cet espace ludique dédié aux sciences et techniques invite les enfants de 3 à 15 ans à apprendre les lois physiques, mathématiques et biologiques en s'amusant, avec plus de 100 éléments interactifs et des parcours scientifiques et sensoriels dans le jardin. Au Vaisseau, une seule règle : interdit de ne pas toucher !

1 bis, rue Philippe-Dollinger • 03 69 33 26 69 • levaisseau.com • Mar.-dim. 10h-18h • Entrée 8 €.

3 Parc de la Citadelle✦

Une superbe géométrie au service du paysage ! Cet ancien champ de manœuvres délimité par les vestiges de la citadelle Vauban (1681) offre un espace vert de 12 ha furieusement « visuel » : plan pentagonal, dénivelés successifs et angles droits. De charmants parcours botaniques sillonnent le parc, des jeux d'eau y font le bonheur des enfants et, à la nuit tombée, de drôles d'hurluberlus le traversent…

Rue de Boston, quartier de l'Esplanade.

4 Quartier Coop✦

Fan de friches industrielles et de lieux en devenir ? Foncez au **port du Rhin**, où la Coop Alsace (Union des coopérateurs d'Alsace), réseau emblématique du commerce de distribution, plantait en 1911 ses grands entrepôts et son immense cave à vin. Le long du Rhin et des bassins portuaires, ce quartier en pleine mutation s'envisage comme une ville coopérative, créative, culturelle et innovante, privilégiant les transports doux. Une expérimentation urbaine portée par l'architecte-paysagiste Alexandre Chemetoff.

Pause fast-food écolo : PUR, etc.

« Cueilli aux environs, cuisiné maison », telle est la devise de cette enseigne de restauration rapide qui a l'ambition de changer le monde à coups de fourchette : ingrédients frais, bio et de saison, issus de l'agriculture paysanne, démarche zéro déchets, commerce équitable et solidaire. Déco rustique-chic pour se sustenter de bons petits plats servis dans des bocaux, consignés pour les éventuels *doggy bags*. La cerise écolo sur le gâteau !

41 Plan rabat avant • *11, presqu'île Malraux • 09 83 31 08 62 • pur-etc.fr • Mar.-ven. 11h30-20h, sam. 11h30-20h30, dim. 11h-18h30 • Formule midi 15 €.*

La Virgule accueille d'ores et déjà ateliers d'artistes et d'artisans, designers, expositions (Garage Coop) et événements. Pour tout comprendre de ce grand projet urbain, rendez-vous au **Point Coop - Café Deux-Rives**, espace d'exposition et de rencontre.

La Virgule : 2-4, rue de la Coopérative. – Point Coop - Café Deux-Rives : 18, rue du Port-du-Rhin • Ouv. mer. 14h-18h et lors des expos, ateliers et workshops.

5 Jardin et passerelle des Deux-Rives✦

Symbole de l'amitié franco-allemande, ce grand parc sans frontière s'étend de part et d'autre du Rhin avec, en guise de trait d'union, une élégante passerelle tout en courbes et haubans qui permet aux piétons et aux cyclistes de rejoindre la ville de Kehl en quelques foulées.

Côté allemand, emmenez les enfants jouer à l'aire de jeux d'eau ou grimpez (escalier) au sommet de la tour panoramique de 44 m d'où l'on a une vue splendide sur le Rhin et Strasbourg. Ciné en plein air, pique-niques, concerts, expos et festivals animent souvent les lieux.

3, rue des Cavaliers • Tram D (arrêt Port-du-Rhin) ou bus 2 et 21 (arrêt Jardin-des-Deux-Rives) • 03 88 52 28 28.

6 Kehl✦

Vous avez franchi la passerelle ? *Willkommen in Deutschland !* (Bienvenue en Allemagne !) Cette virée à saute-frontière sera l'occasion de faire du shopping dans la Haupstrasse, de goûter une vraie *Currywurst* comme à Berlin ou de vous adonner au *Kaffee-Kuchen*, coutume locale qui consiste à boire un chocolat chaud accompagné d'une part de gâteau délicieusement calorique.

Accès : tram D (arrêt Aristide-Briand) puis bus 21 ; train depuis Strasbourg (6 min, 7 €) ; à pied ou à vélo par la passerelle.

Restos Bistrots

Blue Flamingo

Atypique 38 Plan rabat avant

Tenté par un resto sur l'eau ? Accosté aux quais de la presqu'île Malraux, ce restaurant flottant et ultralumineux fait dans le chic et l'exotique, côté déco comme dans l'assiette. À la carte, trois entrées, trois plats et trois desserts qui changent… toutes les trois semaines ! Aux beaux jours, siroter un cocktail sur le pont au soleil est un vrai bonheur.

Presqu'île Malraux, au pied de la médiathèque • 06 15 38 62 45 • blue-flamingo.fr • Mar. 12h-14h, mer.-sam.

12h-22h (bar et tapas 15h-21h30) • Formule déj. 18 €.

Taikin

Street food 39

De grandes baies vitrées ouvertes sur l'extérieur, un intérieur lumineux, des tables en bois brut, une belle terrasse au pied des Black Swans et une cuisine semi-ouverte où ça woke dans les règles de l'art ! *Taikin*, c'est le fast-food version thaïe, où tous les grands classiques sont mitonnés minute : *tai bobun, tai mild curry, tai chili & garlic, tai lok lak*… tous déclinables en version veggie.

55, presqu'île André-Malraux • 03 88 31 53 24 • T.l.j. 11h30-23h • Plats 8,50-12 €.

Captain Bretzel

Guinguette 40

Un petit air de vacances souffle sur cette guinguette flottante, ancrée au pied de la tour Elithis. Un chouette spot pour prendre le soleil en été, siroter un thé glacé, un crémant ou un cocktail, engloutir des huîtres ou picorer une planchette d'acras et de calamars. En hiver, la terrasse sur l'eau se couvre d'igloos transparents privatifs que l'on réserve pour se payer une bonne fondue en famille ou entre copains.

49, quai des Alpes, 06 28 69 83 25 • captainbretzel.eu • T.l.j. 10h-23h (21h15 en hiver).

VOIR AUSSI P. 77

PUR, etc. 41

Taikin

Strasbourg-sur-Mer

Longtemps redouté et indomptable, le Rhin a commencé à se soumettre à l'homme au cours du XIXe s. Cette voie d'eau aussi internationale qu'un bras de mer a façonné le destin international de Strasbourg.
Son port autonome, fondé en 1926, constitue le deuxième port fluvial français après Paris, et le deuxième sur le Rhin après Duisburg (au nord, en Allemagne). À seulement 40 heures de navigation de la mer du Nord (70 heures à la remonte), il accueille d'énormes porte-conteneurs assurant la liaison avec Rotterdam, Anvers et Zeebrugge.

Cité de la musique et de la danse

Bars, clubs Sorties

La Brasserie Z

Bar 21 Plan rabat avant

Que ce soit pour le café du matin, combler une petite faim, déguster une cuisine maison ou boire une bière Meteor, on vous accueille à toute heure et on répond à toutes les envies. Niché au pied des Black Swans, ce bar-restaurant à la déco colorée est un îlot de convivialité avec son coin salon et sa terrasse végétalisée.

49, presqu'île André-Malraux • 03 88 44 01 80 • brasserie-z.fr • Lun.-jeu. 9h30-minuit, ven. 9h30-1h, sam. 17h-1h • Tapas à partir de 1,50 €.

Cité de la musique et de la danse

Concerts 22

L'un des plus anciens conservatoires de France et le célèbre festival Musica ont pris leurs quartiers dans un audacieux bâtiment consacré à la musique, au théâtre et à la danse. Musique ancienne, jazz et impro, spectacles familles, orgue... Les représentations données dans l'auditorium de 500 places, la salle d'orchestre ou la salle du grand orgue sont le fruit du travail des élèves avec leurs enseignants et des artistes invités.

1, place Dauphine• 03 68 98 60 91 • conservatoire.strasbourg.eu • Certains spectacles sur rés.

Théâtre actuel et public de Strasbourg

Spectacles 23 et 24

L'idée de départ est simple : permettre aux compagnies locales indépendantes de rencontrer leur public. Tout au long de l'année, les deux salles du TAPS, l'une au cœur du Neudorf, l'autre dans le quartier de la gare, sont le tremplin de la créativité régionale dans le théâtre, la chanson, les musiques du monde et la danse. Une vraie réussite.

taps.strasbourg.eu – ***TAPS-Scala*** *(Neudorf) : 96, route du Polygone, 03 68 98 52 02* – ***TAPS-Laiterie :*** *10, rue du Hohwald, 03 88 23 79 38.*

Pôle Sud

Danse

25

Avec sa salle de spectacle de 320 places et ses différents studios, le théâtre Pôle Sud, Centre de développement chorégraphique national, assure une programmation régulière en danse contemporaine. Une garantie d'excellence depuis 1989, dans le sud du Neudorf.

1, rue de Bourgogne • Tram A ou E (arrêt Émile-Mathis) • 03 88 39 23 40 • pole-sud.fr.

Activités Détente

Les Docks d'été

Lézarder sur la plage (en été)

Plonger ses orteils dans le sable fin, faire bronzette sur un transat et bâtir des châteaux de sable en pleine ville ? C'est possible ! La plage urbaine de Strasbourg prend chaque été ses quartiers sur le parvis de la presqu'île Malraux. Au programme, pêche aux canards, sphères flottantes, Pédalo, bateau électrique, paddle, kayak ou barque pour se jeter à l'eau dans le bassin d'Austerlitz.

Pl. de la Liberté-de-Penser-et-d'Expression, passerelle Camille-Claudel • ete.strasbourg.eu • Juil.-août t.l.j. 14h-19h • Gratuit.

Captain Bretzel

Prendre l'apéro sur l'eau

Captain Bretzel (p. 79) permet à tous de louer des bateaux électriques sans permis pour se promener sur l'Ill (5, 7 ou 11 places et bateaux enfants). Différents itinéraires de 1h à la journée s'offrent à vous, et même un parcours avec skippeur si on préfère se la couler douce. Pour agrémenter la balade, le capitaine propose des formules goûter, « apéro boat » ou « love boat » sous forme de paniers à emporter !

49, quai des Alpes, au pied de la tour Elithis • captainbretzel.eu • Mai-oct. pour la location ou toute l'année avec skippeur, t.l.j. de 10h au coucher du soleil • Bateau 5 places : 35 € pour 1h ; panier apéro 7 €.

Presqu'île Malraux

Batorama

Découvrir le port de Strasbourg en bateau-promenade

De février à novembre, visites commentées du port autonome. Au départ du bassin d'Austerlitz, le bateau vous entraîne jusqu'à l'écluse sud pour remonter le long du Rhin et de la frontière allemande ; vous verrez l'ancienne capitainerie de style néogothique, dans un décor de hangars, de grues, de silos et de conteneurs empilés, le tout entrecoupé d'espaces verts. Le Rhin est si large qu'on a l'impression de naviguer sur la mer !

Embarcadère Dauphine, pl. de l'Étoile • 03 88 84 13 13 • batorama.fr • Vente en ligne ou à la boutique (18, pl. de la Cathédrale) • Plein tarif 17 € (2h).

Baggersee

Se baigner dans un lac (en été)

Il fait chaud ? Prenez le tram pour aller piquer une tête dans le lac du Baggersee. Lieu de baignade, de promenade et de détente prisé des citadins, car proche du centre-ville, cette ancienne gravière aménagée déroule une plage de sable dans un écrin boisé. En plus de la baignade (surveillée), des animations sont proposées durant toute la saison estivale : beach-volley, initiation au roller, baptême de plongée… Terrains de sport, aires de jeux et de pique-nique, barbecues.

1, rue de la Plage, Illkirch-Graffenstaden • Tram A (arrêt Baggersee) • Baignade en juil.-août.

Infos Covid-19 ⚠

Compte tenu du contexte sanitaire, de nombreux sites et adresses sont amenés à restreindre leurs horaires d'ouverture et à s'adapter à la situation. Nous vous recommandons de vérifier les horaires et conditions de visite de chaque lieu et adresse sur leur site Internet ou leur page Facebook.

Neuhof

Explorer la jungle à pied ou à vélo

Au sud de Strasbourg, à 5 km du centre-ville, la « jungle » du Neuhof (757 ha) constitue l'une des dernières forêts alluviales d'Europe, dûment balisée par des sentiers didactiques.

Pour voir le Rhin autrement, la réserve naturelle de l'**île du Rohrschollen** permet de croiser des rainettes et des castors, d'admirer une sculpture de Raymond Couvègnes et, bien sûr, de franchir le fleuve mythique à pied ou à vélo pour saluer nos cousins germains. Une agréable excursion d'environ 8 km.

Accès : bus n° 24, arrêt Coucou-des-Bois, rue Rheinfeld dir. Eurofret • Vis. guidées de l'île du Rohrschollen sur r.-v. : 03 88 60 90 90 • Départ des sentiers : parkings du Coucou-des-Bois, de l'Oberjaegerhof et du chêne Rebmann.

DES COINS RÊVÉS POUR LES KIDS

En plus de ses petits villages sortis d'un conte des frères Grimm et de ses châteaux taillés pour les aventures chevaleresques, cette Alsace qu'on regarde avec des yeux d'enfant réserve un tas de sorties ludiques pour toute la tribu !

La Volerie des Aigles (Kintzheim)

Le Vaisseau

Ici tout se touche et se manipule : pour comprendre la science en s'amusant.

Voir p. 77, La presqu'île Malraux (Strasbourg).

Volerie des Aigles

À Kintzheim, vous êtes aux premières loges pour admirer le vol majestueux des grands rapaces.

Voir p. 109, Sélestat et le Haut-Kœnigsbourg.

Montagne des Singes

Échanger des grimaces et fraterniser avec des magots qui gambadent en liberté, ça n'a pas de prix !

Voir p. 109, Sélestat et le Haut-Kœnigsbourg.

Cigoland

Entre manèges, daims du Ried et nids de cigognes, voilà de quoi remplir un après-midi.

Voir p. 109, Sélestat et le Haut-Kœnigsbourg.

Musée du Jouet

Nostalgie des parents, émerveillement des petits… Un musée qui met toute la famille d'accord avec ses joujoux par milliers.

Voir p. 141, Colmar.

Écomusée d'Alsace

Promenades en barque ou en charrette, animations, animaux de la ferme, rencontres avec les artisans… un tas d'expériences à vivre !

Voir p. 152, D'Eguisheim à Thann.

Parc du Petit Prince

Immersion dans le conte de Saint-Exupéry et l'aventure de l'aéropostale : un parc où l'on vole dans les airs et où l'on croise les animaux du livre.

Voir p. 154, D'Eguisheim à Thann.

BALADE À VÉLO DANS STRASBOURG

Strasbourg, première ville cyclable de France avec 600 km de pistes ou couloirs cyclables, gagne à être visitée à vélo. Voici, à partir de la gare, une proposition de circuit « découverte » des principales facettes de la ville : la Neustadt, le quartier européen, la cathédrale et la Petite France. Comme des rois en petite reine !

1.

En sortant de la gare, traversez la place et prenez en face la rue du Maire-Kuss. Arrivé au bout, tournez à g. avant le pont et longez l'Ill par les quais Saint-Jean, Kléber, Finkmatt et Sturm jusqu'à la **place de la République**, au cœur de la Neustadt. Puis prenez à dr. l'avenue Schoelcher et l'avenue de la Liberté (attention, pas de bandes cyclables) en direction du **palais universitaire**.

2.

Obliquez à g. après l'**église Saint-Paul** et longez l'Ill. Traversez l'avenue d'Alsace au niveau du consulat des États-Unis, poursuivez en face quai Mullenheim jusqu'au siège d'Arte. Puis tournez à g. à travers la cité-jardin Ungemach pour atteindre le **Parlement européen**.

Là, traversez le pont et tout de suite après tournez à dr. et le long du canal, passez devant la

Vue depuis le barrage Vauban

Cour européenne des droits de l'homme, le Conseil de l'Europe et le **parc de l'Orangerie**.

3.

Poursuivez au bord du canal par les rues Conrad, Picard, les quais des Belges, des Alpes et Koenig, en longeant le quartier des XV, la cité Rotterdam, le parc de la citadelle Vauban, la **presqu'île Malraux** et la Cité de la musique. Au pont d'Austerlitz tournez à dr. rue de la Brigade-Alsace-Lorraine (n'hésitez pas à faire halte au café *Stern*, dont l'accueillante terrasse borde la piste cyclable) jusqu'à la place d'Austerlitz, puis rue d'Austerlitz (à emprunter à pied) et pl. du Corbeau.

Traversez le pont du Corbeau, passez devant le **Musée historique**, remontez la rue du Vieux-Marché-aux-Poissons jusqu'à la rue Mercière et la place de la Cathédrale.

INFORMATIONS PRATIQUES

- Circuit : 2h à une demi-journée selon les arrêts et visites.
- Difficulté : aucune, le parcours est parfaitement plat.
- Location de vélo : station Vélhop de la gare (au sous-sol). 1 € l'heure ou 5 € la journée + 150 € de caution (velhop.strasbourg.eu).
- Carte : fournie gratuitement à la station Vélhop, elle montre les aménagements et itinéraires cyclables.
- Avertissement : à Strasbourg, les cyclistes ont droit de cité dans la plupart des zones piétonnes. Mais il vaut mieux respecter le Code de la route : un feu rouge grillé, même à vélo, peut vous valoir une amende de 135 € !

4.

De la **cathédrale**, descendez la rue des Hallebardes jusqu'à la pl. Gutenberg, traversez-la pour prendre en face la rue des Serruriers, poursuivez de l'autre côté des rails du tram jusqu'à la pl. Saint-Thomas et sa superbe **église**. Traversez ensuite la Petite France (à pied) par la rue des Dentelles et la **rue du Bain-aux-Plantes**.

5.

Empruntez les ponts Couverts (qui ne sont pas couverts) et tournez à dr. pl. du Quartier-Blanc. À l'hôtel du département, empruntez le passage du **barrage Vauban** et débouchez pl. Jean-Arp devant le **musée d'Art moderne et contemporain**. Là, tournez à dr. pour rejoindre la gare par l'ancienne commanderie Saint-Jean qui héberge désormais l'ENA, le quai Altorffer (où on peut s'offrir une pause au très hype *Kitsch'n Bar*) et la rue Kuss.

LA ROUTE DES VINS EN 5 ÉTAPES

Andlau

À SAVOIR

S'informer

routedesvins.alsace : vignobles, villages, sentiers viticoles, caves, fêtes du vin… toutes les infos sur la route mythique !

vinsalsace.com : annuaire des vignerons pour les visites de caves.

Offices de tourisme

Barr

Pl. de l'Hôtel-de-Ville • 03 88 08 66 65 • paysdebarr.fr.

Dambach-la-Ville

Pl. du Marché • 03 88 92 61 00 • paysdebarr.fr.

Eguisheim

22a, Grand-Rue • 03 89 23 40 33 • tourisme-eguisheim-rouffach.com.

Kaysersberg

39, rue du Général-de-Gaulle • 03 89 78 22 78 • kaysersberg.com.

Marlenheim

1, pl. de la Liberté • 03 88 87 75 80 • mossig-vignoble-tourisme.fr.

Molsheim

19, pl. de l'Hôtel-de-Ville • 03 88 38 11 61 • ot-molsheim-mutzig.com.

Obernai

Pl. du Beffroi • 03 88 95 64 13 • tourisme-obernai.fr.

Riquewihr

2, rue de la 1re-Armée • 03 89 73 23 23 • ribeauville-riquewihr.com.

Rouffach

12a, pl. de la République • 03 89 78 63 15 • tourisme-eguisheim-rouffach.com.

Sélestat

2, pl. du Dr-Maurice-Kubler • 03 88 58 87 20 • www.selestat-haut-koenigsbourg.com.

Thann

Pl. Modeste-Zussy • 03 89 37 96 20 • hautes-vosges-alsace.fr.

Turckheim

Rue Wickram • 03 89 27 38 44 • turckheim.com.

Infos Covid-19 ⚠

Compte tenu du contexte sanitaire, de nombreux sites et adresses sont amenés à restreindre leurs horaires d'ouverture et à s'adapter à la situation. Nous vous recommandons de vérifier les horaires et conditions de visite de chaque lieu et adresse sur leur site Internet ou leur page Facebook.

Réservations

- La réservation en ligne d'un créneau de visite est obligatoire pour le **château du Haut-Kœnigsbourg**.

◗ Les vignerons ayant un planning bien rempli, pensez à réserver vos **visites de caves** très tôt.

Colmar

Office de tourisme

Pl. Unterlinden • 03 89 20 68 92 • tourisme-colmar.com.

Colmar City Pass

Visite en illimité des 6 musées de Colmar (Unterlinden, Bartholdi, musée du Jouet, Village Hansi, musée d'Histoire naturelle, église des Dominicains), une promenade en barque, un tour en petit train touristique, et un tarif réduit à Choco Story Colmar.

citypass.tourisme-colmar.com • 32 € • Valable 7 j.

Visites guidées

La vieille ville, Colmar insolite, les enseignes, nocturnes, la magie de Noël...

Rés. obligatoire : info@tourisme-colmar.com • Adulte 5 €.

Quand venir ?

Le meilleur moment pour parcourir la route des vins est en **octobre**, juste après les vendanges. C'est aussi la saison où la forêt vosgienne prend ses belles couleurs automnales.

Mais, avec de nombreux **événements et animations** égrenés au fil de l'année, il y a toujours une bonne raison de sillonner la route : fêtes du vin, apéros gourmands et pique-niques chez les vignerons au printemps, visites guidées des sentiers viticoles en été, vendanges touristiques à l'automne, Caves de Noël...

Se déplacer

Taillée pour la voiture, la route mythique se parcourt aussi autrement. Vous pourrez en découvrir de très jolies portions en sautant de train en bus (voir p. 167) ou en pédalant sur la véloroute du Vignoble d'Alsace (voir p. 14).

Sentiers viticoles mode d'emploi

Procurez-vous les plans à l'OT de chaque localité de départ. Attention : les sentiers viticoles (hormis celui des Grands Crus) sont interdits au public un mois avant et pendant les vendanges, de mi-sept. à fin oct.

Les fêtes du vin

D'avr. à nov., foires, fêtes du vin, fêtes des vendanges à l'automne et fêtes du vin nouveau en septembre s'enchaînent dans les villages de la route des vins. Un grand moment de liesse populaire entre bals, cortèges et dégustations de vin !

Agenda sur : routedesvins.alsace.

DE MARLENHEIM À SCHERWILLER

6

Le premier tronçon de la route des vins débute dans la Couronne d'Or, la ceinture viticole de Strasbourg. Ce plus vieux vignoble d'Alsace remonte à l'époque gallo-romaine ! Renommés de l'Europe du Nord au Vatican, ses nectars ont enrichi la capitale alsacienne quand elle faisait encore commerce du vin. De Marlenheim, les coquettes bourgades vigneronnes du Bas-Rhin s'enchaînent jusqu'à l'opulente Obernai. Plus bas, les ravissants villages du pays de Barr ont le don d'aimanter les amateurs de grands crus.

Molsheim : la Metzig

Voir le plan sur le rabat arrière.

1 Marlenheim✦

L'une des stars de la Couronne d'Or ! La porte nord de la route des vins règne sur un terroir d'exception, le **Steinklotz** : sa particularité est d'avoir fait sa renommée sur des vins rouges, appréciés en leur temps des rois mérovingiens qui possédaient ici des vignes. Au fil des siècles, la cité s'est embellie de maisons à tourelle Renaissance, de demeures bourgeoises cossues et d'un hôtel de ville aux fenêtres arquées (XVIIIe s.).

Balade : le chemin de croix

Parmi les plus beaux chemins de croix baroques du XVIIIe s. alsacien, celui de Marlenheim est ponctué par sept petits oratoires sculptés et peints de scènes de la Passion du Christ. La première des sept stations se trouve devant le cimetière (rue de la Chapelle) et le chemin s'achève par la ravissante **chapelle du Marlenberg**

(1683 ; 15 min ; facile). D'ici, vous pouvez rejoindre le centre-ville à pied par le sentier viticole.

Sentier viticole (Steinklotz)

Cette boucle bien balisée vous emmène dans le vignoble, planté en grande partie de pinot noir. Un cépage rouge presque insolite dans ce pays largement dévolu au blanc. Orientés plein sud, les coteaux donnent naissance au Grand Cru Steinklotz. Chemin faisant, admirez le panorama sur la plaine d'Alsace, épiée par la flèche de la cathédrale de Strasbourg, perceptible à l'horizon.

Départ et arrivée : hôtel de ville • 1h30 • Facile.

2 Molsheim⁺⁺

Au débouché de la vallée de la Bruche, Molsheim la catholique a accueilli les proscrits de la Réforme (jésuites, chartreux, bénédictins…) et bien lui en a pris : la petite ville peut s'enorgueillir d'un beau patrimoine, à commencer par la monumentale **église des Jésuites** (XVIIe s.), qui passe pour la plus vaste d'Alsace après la cathédrale de Strasbourg.

Sur la place de l'Hôtel-de-Ville, la **Metzig**, ancien siège de la corporation des bouchers (1583), est une superbe illustration du style Renaissance : arcades, double escalier avec perron et tourelle à bulbe flanquée d'une horloge Jacquemart. Guettez les deux angelots qui sonnent les heures !

***Église des Jésuites :** rue Notre-Dame • 03 88 38 14 69 • Avr.-oct. t.l.j. sf dim. mat. 10h-12h et 14h-18h, reste de l'année t.l.j. 10h30-12h et 14h30-16h (18h sam.) • Accès libre.*

Musée de la Chartreuse - Fondation Bugatti⁺⁺

Bugatti chez les Chartreux ? L'ancien prieuré édifié au XVIe s. héberge à la fois un musée d'archéologie, d'art et d'histoire consacré à la vallée de la Bruche, et la fondation Bugatti, qui expose des automobiles de la marque mythique née à Molsheim en 1909, ainsi que des archives familiales : photos, objets, etc.

4, cour des Chartreux • 03 88 49 59 38 • Mer.-lun., 15 juin-15 sept. 10h-12h et 14h-18h (17h w.-e. et j. f.), 2 mai-14 juin et 16 sept.-15 oct. 14h-17h • Entrée 4 €.

L'épopée Bugatti

« Rien n'est trop beau, rien n'est trop cher » : devise d'Ettore Bugatti (1881-1947). Ce Milanais d'origine fonda en Alsace la fameuse marque de voitures de sport au palmarès inégalé : plus de 10 000 victoires internationales sur les circuits automobiles. Cette entreprise de prestige, qui marqua l'imaginaire collectif avec ses bolides bleus au radiateur en fer à cheval, ferma ses portes en 1947, peu après la Seconde Guerre mondiale. Depuis 1998, elle fait un come-back avec des modèles très exclusifs…

Sentier viticole (Bruderthal)

Ce circuit permet de découvrir le Grand Cru Bruderthal, dont le nom (« vallée des Frères ») fait référence aux moines cisterciens établis au début du XIVe s. Caillouteux dans sa partie haute (jusqu'à 300 m d'altitude), le terroir expose au soleil ses sols marno-calcaires.

*Départ et arrivée : office de tourisme • 2 km • 1h30 • Facile mais pentu ! – **Balade commentée** en juil.-août jeu. à 9h30, suivie d'une dégustation ; gratuite ; rens. à l'OT (voir p. 88).*

3 Mutzig✦

Commencez par repérer la tour à bulbe qui signale l'**hôtel de ville**, doté d'un curieux automate : quand l'horloge sonne, celui-ci remue les oreilles et tire la langue aux passants ! C'est le point de départ d'un circuit fléché dans la vieille ville, passant notamment par le canal de la Bruche et les ateliers Coulaux, où était fabriqué le fusil Chassepot. À l'entrée ouest, vestiges de la **brasserie Wagner**, qui produisit la bière Mutzig jusqu'en 1989.

Circuit du vignoble (Stierkopf)

Si Mutzig ne produit plus la fameuse bière du même nom, son petit vignoble du Stierkopf, à l'écart de la route des vins, s'est fait une spécialité des vins charpentés : riesling, pinot noir et gewurztraminer. Dominant l'entrée de la vallée de la Bruche, il tient son nom (« tête de taureau ») de la légende selon laquelle un taureau se serait écrasé en contrebas des falaises, à l'est du village.

Départ et arrivée : mairie • 4,5 km • 2h • Facile.

Fort de Mutzig✦✦

Étonnant témoignage de l'ingénierie militaire, cette forteresse souterraine édifiée par l'Empire allemand (1893) est la plus vaste au monde encore équipée ! À la fin des travaux en 1916, 6 000 hommes pouvaient y vivre en autarcie. La visite guidée dévoile un équipement impressionnant : cuisines, salle des machines, boulangerie, puits…

3 km à l'O de Molsheim • 06 08 84 17 42 • fort-mutzig.eu • Vis. guidées (2h30) juil. -

Pause gourmande : Gross

Une petite gâterie ? Venez vous régaler de ganaches, de massepains ou encore de rochers ! L'une des plus anciennes pâtisseries d'Alsace, qui fait aussi chocolaterie et glacier, a vu se succéder quatre générations de maîtres pâtissiers depuis son ouverture en 1873. Une institution qui accueille aussi pour la pause déjeuner.

11 Carte rabat arrière • ***Obernai*** *• 66, rue du Général-Gouraud • 03 88 95 51 13 • gross.fr • Lun. 8h-17h, mar.-sam. 8h-18h30, dim. 8h 18h • Formule midi 10 €.*

mi-sept. t.l.j. à 10h, 11h, 14h, 14h30, 15h et 16h ; vis. sans guide le reste de l'année, voir site Internet • Entrée 12 €.

4 Rosheim✦

Romane jusqu'à la racine, la belle cité possède l'un des plus vieux bâtiments civils d'Alsace, la **maison Romane** (ou Païenne), bâtie en 1154, ainsi qu'un pur joyau de l'art roman, l'**église Saints-Pierre-et-Paul**, ravissant édifice de grès jaune du XIIe s. Pas besoin d'autres prétextes pour franchir ses portes monumentales, vestiges des deux enceintes qui corsetaient la ville.

5 Ottrott✦

Au pied du mont Sainte-Odile, la jolie cité vigneronne est réputée pour son fameux rouge d'Ottrott, son hôtellerie accueillante et les ruines de ses deux châteaux du XIIIe s., Rathsamhausen et de Lutzelbourg, noyés dans la verdure.

6 Obernai✦✦

Encerclée par ses anciens remparts et son vignoble en terrasses, la pimpante cité médiévale et Renaissance est la plus visitée du Bas-Rhin après Strasbourg. Il faut dire que la municipalité se met en quatre pour divertir le chaland : spectacles d'été, fête des Vendanges, animations de Noël…

Place du Marché✦✦

Impossible de faire l'impasse sur la célèbre et ultrapittoresque place où le marché du jeudi matin

Obernai : la place du Marché

dresse ses étals depuis plus de sept siècles ! Son **beffroi** de 60 m en grès rose (*Kappelturm*, XIIIe s.), le superbe hôtel de ville gothico-Renaissance, la halle aux blés (1554) surmontée de sa clochette et la jolie cour Fastinger (fin XVIe s.), dotée d'un emblème couperet-tête de bœuf, vous propulsent quelques siècles en arrière. N'oubliez pas de faire un vœu en jetant une pièce dans le puits à Six Seaux !

Saint-Pierre-et-Saint-Paul✦

La compétition est ouverte ! À l'instar de l'église des Jésuites de Molsheim (voir p. 91), celle-ci se targue d'être le plus grand sanctuaire après Notre-Dame de Strasbourg. Inauguré en 1872, l'édifice néogothique abrite deux joyaux du gothique flamboyant :

l'autel du Saint-Sépulcre (1504) et quatre verrières de la fin du XVe s.

Rue du Chanoine-Gyss • 03 88 95 55 24 • T.l.j. 9h-12h et 14h-18h • Vis. gratuite.

Remparts*

Pas moins de 30 tours rythment la double enceinte qui protège la vieille ville depuis la fin du XIIIe s. Le terre-plein central est désormais l'occasion d'une charmante promenade en boucle de 1,5 km.

Sentier viticole (Schenkenberg)

Créée par la corporation des viticulteurs d'Obernai, la boucle permet d'admirer le piémont des Vosges entre vignes et vergers, et de comprendre pas à pas les phases d'élaboration du vin.

***Départ et arrivée : mémorial de l'ADEIF (chemin des Acacias) • 3,5 km • 1h30 • Facile – Balade commentée** en juil.-août mer. à 9h30, suivie d'une dégustation ; gratuite ; rens. à l'OT (voir p. 88).*

7 Mont Sainte-Odile**

Partir à l'assaut de ce piémont des Vosges, c'est entrer dans la légende de la sainte patronne de l'Alsace (660-720), fondatrice du premier couvent de femmes de la région, qui rayonne dans le monde entier depuis plus de 13 siècles.

On y emboîte le pas au million de pèlerins qui se pressent chaque année dans son abbaye perchée, on y joue aux archéologues le long d'un mystérieux mur païen et on s'y étourdit d'un magnifique panorama sur la plaine d'Alsace !

Abbaye**

Suspendues à 763 m au-dessus de la plaine du Rhin, ses merveilles ont survécu à la guerre, au feu et à la foudre. Il faut voir le chemin de croix de l'église réalisé par la marqueterie d'art Spindler, la chapelle de la Croix (XIIe s.), semblable à une crypte romane, la chapelle Sainte-Odile, qui abrite le tombeau de la sainte, la chapelle des Larmes et la chapelle des Anges, à flanc de falaise, ornée d'une splendide mosaïque bleue. À mi-parcours, un belvédère permet d'apercevoir 150 villages.

***Commune d'Ottrott** • Accès en bus n° 257 du réseau 67 depuis Obernai • 03 88 95 80 53 • montsainte-odile.com • T.l.j. 8h-21h • Vis. gratuite.*

Mur païen**

Parc à bestiaux ? Enceinte contre les envahisseurs ? La célèbre muraille de 3 m de haut sur plus de 10 km, édifiée entre les IXe et IIe s. av. J.-C., donne du fil à retordre aux archéologues ! Qu'importent les désaccords sur l'origine et l'usage de cet incroyable rempart : la promenade offre une belle incursion dans les sous-bois (nombreux chemins fléchés).

En contrebas du couvent.

8 Barr**

La capitale viticole du Bas-Rhin sait bien honorer Bacchus, entre ses arrière-cours de vignerons et ses fêtes dédiées au vin (mi-juil. et 1er w.-e. d'oct.). Il faut dire que le vignoble du **Kirchberg** est classé

Grand Cru depuis 1983. Rues pavées, porches sculptés, galeries de bois : le centre ancien est un pur enchantement ! En point d'orgue, la rue neuve et la place de l'Hôtel-de-Ville, théâtrale bâtisse Renaissance, et sa fontaine, du haut de laquelle un enfant écoute les ragots de la ville…

Musée de la Folie Marco*

Véritable folie (maison de plaisance) à la fois raffinée et cossue, l'ancienne demeure du bailli de Louis XV, le sieur Louis-Félix Marco, évoque à merveille le mode de vie bourgeois des XVIIIe et XIXe s. : armoires alsaciennes, tapisseries d'Aubusson, étains et porcelaines. Par la fenêtre du musée, vue imprenable sur le joli vignoble, unique clos urbain de toute l'Alsace.

30, rue du Dr-Sultzer • 03 88 08 66 65 • musee-foliemarco.com • Mai.-sept. mer.-lun. 10h-12h et 14h-18h • Entrée 5 €.

9 Mittelbergheim**

Il faut avoir vu le soleil se lever sur les vignes du Zotzenberg ! Membre du club des Plus Beaux Villages de France, cet adorable bourg juché sur une colline arbore de vieilles demeures vigneronnes roses ou ocre. À voir dans la rue Principale, la maison Wittmann (n° 7), ancienne demeure des seigneurs du lieu, l'hôtel de ville du XVIe s. doté d'un petit toit à bulbe (n° 12) et l'impressionnant moulin du XVIIIe s. avec meules, broyeur et fourneau à bois (n° 35).

Sentier viticole (Zotzenberg)

Du printemps à l'automne, un sentier fléché piqué de tulipes sauvages et ponctué de jolis points de vue vous fera arpenter le sol argilo-calcaire du terroir Zotzenberg, l'un des grands crus alsaciens depuis 1364.

Départ et arrivée : parking du Zotzenberg • 1h30 • Facile.

10 Andlau*

La riante ville des comtes d'Andlau est tout auréolée de la légende de l'**impératrice Richarde**, épouse de Charles le Gros. Au IXe s., en partance pour l'abbaye de Sainte-Odile, elle aperçoit une ourse grattant la terre pour enterrer son petit, mort. Émue, la gente dame réchauffe l'ourson contre son sein et le ramène à la vie. C'est à cet endroit, dit-on, qu'elle fera construire la crypte de l'abbatiale.

Saints-Pierre-et-Paul**

Oubliez le relooking du XVIIIe s., l'**église abbatiale** est une référence majeure de la sculpture romane en Alsace ! Et pour cause : la frise historiée (1130-1140) de plus de 30 m de long qui court sur sa façade est sans doute le tout premier bas-relief de la région. Une véritable BD sur le quotidien des chevaliers, avec scènes de combats, de chasse et monstres fabuleux. La crypte romane renferme le sarcophage de sainte Richarde, gardé par l'ourse en pierre de la légende.

Rue Deharbe • T.l.j. 8h-18h.

Ateliers de la Seigneurie✦

La Seigneurie (1582), ancienne propriété des comtes d'Andlau, accueille un centre d'interprétation du patrimoine où jeux de construction et objets à toucher, contes et ateliers sont autant de façons ludiques et interactives d'aborder l'archéologie, les châteaux forts, les maisons à pans de bois, la viticulture ou les métiers d'art.

Pour visiter Andlau avec les plus jeunes, demandez le jeu de piste gratuit « Clic Clac à Andlau : les Ours » ! Munis d'un plan et de cartes-photos, vous partirez à la recherche des ours du village...

Pl. de la Mairie • 03 88 08 65 24 • paysdebarr.fr/ateliers-de-la-seigneurie • Avr.-sept. 10h-13h et 14h-18h, fév.-mars et oct.-déc. 14h-18h, f. en jan. • Entrée 6 €, ateliers adulte 15-30 €, enfant 8-12 €.

11 Itterswiller✦✦

Perché à flanc de coteaux, ce village viticole de poche inondé de soleil réserve l'une des plus belles vues sur le vignoble et les collines vosgiennes. L'endroit est aussi réputé pour ses bonnes tables.

12 Dambach-la-Ville✦

450 ha de vigne : voilà le plus grand village viticole d'Alsace, célèbre pour son Grand Cru **Frankstein**. L'adorable cité fortifiée et fleurie possède trois portes médiévales (XIVe s.) et de belles maisons à colombages (n° 53, 55 et 82, rue du Maréchal-Foch). Quant à l'ours gourmand de raisin, son emblème fétiche, on le retrouve perché sur la fontaine Renaissance devant l'hôtel de ville.

Chapelle Saint-Sébastien✦

Dernier vestige du village d'Oberkirch, aujourd'hui disparu... L'étonnante chapelle plantée au cœur du vignoble a traversé les siècles : tour-clocher de style roman, chevet gothique et maître-autel baroque. Mais l'élément le plus frappant est, à l'arrière du sanctuaire, l'ossuaire, amas indescriptible de crânes et de tibias.

De la rue du Général-de-Gaulle, passez par la tour-porte de Blienschwiller et montez

Itterswiller

sur la g. (15 min à pied) • Pâques-Toussaint t.l.j. 9h-19h, reste de l'année w.-e. 9h-16h • Accès libre.

Balade : le château du Bernstein✦

À partir de la chapelle, les courageux pousseront jusqu'à ces ruines fièrement campées à 552 m depuis le XIIe s. Admirez le donjon pentagonal (une rareté à cette époque reculée), les fenêtres romanes géminées et la vue sur la plaine d'Alsace : remarquable !

Marche facile de 35 min en suivant les disques bleus.

Sentier viticole (Frankstein)

Le ravissant sentier qui serpente à 250 m d'altitude vous fera découvrir le Grand Cru Frankstein. De ces pentes granitiques jaillissent de fastueux rieslings, gewurztraminers ou encore pinots gris.

*Départ et arrivée : pl. du Marché • 1h30 • Facile – **Balade commentée** en juil.-août mar. à 17h, suivie d'une dégustation ; gratuite ; rens. à l'OT* *(voir p. 88).*

13 Scherwiller✦

Et au milieu coule une rivière… Le petit village fleuri tire son charme des eaux de l'Aubach, avec son cortège de petits ponts de pierre, de passerelles et d'anciens lavoirs, mais aussi de ses pimpantes maisons vigneronnes à pans de bois, dont les plus anciennes remontent au XVIe s.

Sentier viticole (Riesling)

Cheminez au milieu des parcelles de l'un des plus grands vignobles de la route des vins (le troisième en superficie), surtout réputé pour son riesling. La balade est agrémentée d'une table d'orientation et de vues sur les ruines impressionnantes du château de l'Ortenbourg et le Haut-Kœnigsbourg.

*Départ et arrivée : chapelle du Taennelkreuz (2 km, 1h) ou corps de Garde (6 km, 2h) • Facile – **Balade commentée** en juil.-août jeu. à 17h, suivie d'une dégustation.*

Restos Bistrots

Le Cerf

Gastronomique 1

Pour bien entamer la route des vins ! Une tradition d'excellence perdure dans cet ancien relais de poste, étoilé depuis 1936 et resté dans la même famille de chefs. Succombez à la bouchée à la reine de l'arrière-grand-père Paul Wagner, élue par trois fois meilleure d'Alsace.

***Marlenheim** • 30, rue du Général-de-Gaulle • 03 88 87 73 73 • lecerf.com • Jeu.-lun. 12h-14h et 19h-21h • Menus 48 € (déj.), 74 €, 89 € et 119 €.*

Diana

Bistronomique 2

Dans un espace contemporain et lumineux, ce restaurant réputé propose un menu de la semaine dont le choix se révèle alléchant et judicieusement créatif. La carte des vins, très œcuménique, offre également une belle sélection de bordeaux et de bourgognes.

Molsheim *• 14, rue Sainte-Odile, pont de la Bruche • 03 88 38 51 59 • hotel-diana.com • Lun.-ven. 12h-13h45 et 19h-21h15, sam. 19h-21h15 • Plat 19 €, menu 28 €.*

Le Rosenmeer

Alsacien 3

Vedette de France 3 Alsace, Hubert Maetz vous gâte avec sa cave inépuisable (incluant la cuvée familiale), et son jeune chef vous concocte quelques délices puisant dans le terroir : foie gras de canard et son confit de choucroute nouvelle, filet de bœuf au pinot noir, parfait glacé thym-citron vert… Côté winstub, la cuisine alsacienne est plus abordable.

Rosheim *• 45, av. de la Gare • 03 88 50 43 29 • le-rosenmeer.fr*
*– **Restaurant :** jeu.-sam. 12h-14h et 19h-21h, dim. 12h-14h ; menus du marché 37 € et 64 €*
*– **Winstub :** mar.-sam. 12h-14h et 19h-21h, dim. 12h-14h ; plat du jour 9 €.*

L'Ami Fritz

Gastronomique 4

Carte orgueilleusement « terroir » dans cette demeure en pierre de taille du XVIIIe s. En hiver, le feu crépite dans une grande cheminée d'époque.

Ottrott *• 8, rue des Châteaux • 03 88 95 80 81 • amifritz.com • Jeu.-mar. 12h-14h et 19h-21h • Menus 36 € et 55 €.*

La Mercerie

Salon de thé 5

À l'arrière de cette charmante cour, venez donc prendre le thé, accompagné (ou non !) de quelques tartines maison certifiées bio ou de plats plus consistants.

Obernai *• 6, rue du Marché • 03 88 48 90 83 • lacourdememe.com • Mar.-jeu. 12h-21h30, ven.-sam. 12h-22h, dim. 12h-21h • Tartine 10-14 €.*

Thierry Schwartz

Nature 6

Attention, adresse défrisante ! Thierry Schwartz, une toque chercheuse étoilée depuis ses 28 ans, casse les codes de la cuisine gastronomique avec sa démarche nature rustico-inventive qui valorise les produits locaux et le circuit ultracourt. Ici, pas de carte déclinée en entrée-plat-dessert mais des produits associés à leur producteur. Et si le bonheur c'était de croquer dans une carotte cuite à la perfection ?

Obernai *• 35, route de Sélestat • 03 88 49 90 41 • thierry-schwartz.fr • Mar.-sam. 12h-14h et 19h15-21h30 • Menus 59 € (midi en sem.), 115 € et 139 €.*

TOP DES PANORAMAS XXL

Pour s'élever au-dessus d'une marée de toits rouges, décrocher un horizon et en prendre plein les yeux, visez les meilleurs perchoirs de Strasbourg et de la route des vins. Un régal pour les pupilles !

Mont Sainte-Odile

Plateforme de la cathédrale

Prenez votre souffle, 333 marches pour un premier tour d'horizon : tout Strasbourg à vos pieds !

Voir p. 23, La Grande Île (Strasbourg).

Terrasse du barrage Vauban

Un plan extralarge sur les ponts Couverts et la Petite France. Magique au coucher du soleil !

Voir p. 44, Autour de la Petite France (Strasbourg).

Mont Sainte-Odile

Pèlerinage sur un mont sacré pour un sacré panorama sur la plaine d'Alsace.

Voir p. 94, Sélestat et le Haut-Kœnigsbourg.

Itterswiller

Dans ce petit village superbement juché sur une colline piémontaise, savourez un coucher de soleil inoubliable sur le vignoble.

Voir p. 96, De Marlenheim à Scherwiller.

Château du Haut-Kœnigsbourg

Apothéose d'une route en lacet, une forteresse perchée en vigie et son panorama à 360° sur les forêts vosgiennes et la plaine d'Alsace.

Voir p. 110, Sélestat et le Haut-Kœnigsbourg.

Au Potin

Bistronomique 7

Dans la salle étincelante ponctuée de marbres, laiton et miroirs, l'ambiance est au « bistrot parisien ». Dans l'assiette, cuisine fraîche du marché ou recettes traditionnelles alsaciennes. Certains feraient des kilomètres pour les profiteroles au chocolat équatorial. Alléchante carte des vins qui fait la part belle aux coteaux environnants, aux vins nature et bio.

Barr *• 11, rue du Général-Vandenberg • 03 88 08 88 84 • aupotin.com • Mar.-sam. 11h45-14h et 18h45-21h30 (22h ven.-sam.) • Formule midi en sem. 12 €.*

Am Lindeplatzel

Bistronomique 8

Cette demeure pimpante mêlant décoration rustique et contemporaine propose une cuisine du marché. La carte est réduite mais alléchante, et les végétariens ne sont pas oubliés.

Mittelbergheim *• 71, rue Principale • 03 88 08 10 69 • am-lindeplatzel.fr • Ven.-mar. 12h-13h30 et 19h-20h30 • Plats 15-28 €.*

Au Bœuf Rouge

Winstub 9

Ce relais de poste devenu boucherie a vu se succéder trois générations de cuisiniers. Au menu, steak de veau aux champignons, quenelles de brochet, choucroute et autres classiques alsaciens, le tout servi dans un décor ancien ou en terrasse, bercé par le murmure d'une fontaine.

Andlau *• 6, rue du Dr-Stoltz • 03 88 08 96 26 • andlau-restaurant.com • Ven.-mar. 12h-13h45 et 18h30-20h45, mer. 12h-13h45 • Menus 29 € et 40 €.*

À la Couronne

Alsacien 10

Boiseries, nappes à carreaux, objets tirés du folklore… rien ne manque au décor de cette auberge qui distille les saveurs traditionnelles : jambonneau au munster, choucroute, tartes flambées… Une Alsace aussi revisitée avec des créations comme la soupe au riesling ou le burger version bretzel garni de tome de Ribeaupierre et de choucroute crue. Côté vin ? Des rieslings de Scherwiller bien sûr !

Scherwiller *• 2, rue de la Mairie • 03 88 92 06 24 • couronne.com • T.l.j. 11h45-14h et 18h45-22h • Plats 16-25 €.*

VOIR AUSSI P. 92

Gross 11

Bars, clubs Sorties

5 Terres

Bar à vins 1 Carte rabat arrière

Un lieu inattendu au cœur de Barr. Mélange harmonieux de vieilles pierres et de mobilier contemporain, le très chic hôtel *5 Terres* cache un superbe bar à vins. Une atmosphère raffinée sans être guindée pour siroter de grands vins et de beaux millésimes sous la verrière, dans le salon cosy ou en terrasse aux beaux jours.

***Barr** • 11 pl. de l'Hôtel-de-Ville • 03 88 08 28 44 • 5terres-hotel.fr • T.l.j. 15h-23h • Vin au verre 8 €.*

La Saint-Pierre

Brasserie 2

Une microbrasserie artisanale, non loin de Barr, où vous pouvez goûter des bières locales blondes, blanches, brunes et ambrées, non filtrées, non pasteurisées et refermentées en bouteille. Des visites guidées avec dégustation sont proposées quotidiennement.

***Saint-Pierre** (à 4 km de Barr) • 30, rue Principale • 03 88 08 82 95 • lasaintpierre.com • Lun.-sam. 9h-18h • Vis. guidées (5 €) lun.-sam. à 11h et 14h30.*

Shopping Cadeaux

La Petite Manufacture des Rêves

Artisanat de Noël 1

Une adorable échoppe remplie d'objets de décoration glanés en Alsace et Outre-Rhin par deux passionnés, Nicolas et Stefan. Parmi les merveilles, une splendide collection de casse-noisettes et de brûle-encens des monts Métallifères, de drôles de figurines en bois de la Forêt-Noire, des horloges coucou, des jouets en bois et bien d'autres décorations de Noël au parfum d'antan.

***Obernai** • 15, rue du Marché • 09 82 44 07 27 • lapetitemanufacturedesreves.com • Mar. 14h-18h, mer.-sam. 10h-12h30 et 14h-18h.*

Domaine Hering

Vins 2

Dans la famille Hering, on est vignerons de père en fils depuis 1858. Au salon de dégustation, on vous parlera de terroirs réputés : les Clos Gaensbroennel, Folie Marco et Grand Cru Kirchberg.

***Barr** • 6, rue du Dr-Sultzer • 03 88 08 90 07 • vins-hering.com • Lun.-ven. 9h-12h et 13h30-18h, dim. et j. f. sur r.-v.*

La Maison du Pain d'Épices Lips

Gourmandises 3

Avec ses murs pastel et ses volets en pain d'épice, on se croirait devant la maison de Hänsel et

Gertwiller

Gretel ! Fondée en 1977, la maison Lips fabrique à l'ancienne une mine de fantaisies sucrées qui sentent bon la cannelle et l'anis étoilé : cœurs (à partir de 1,50 €), nonnettes, figurines, biscuits ou cakes. Son musée du Pain d'épice et d'Art populaire déborde de moules à gâteaux, d'emporte-pièces et d'images anciennes que l'on collait sur les pains d'épice.

***Gertwiller** (à 2 km de Barr) • 110, rue Principale • 03 88 08 93 52 • paindepices-lips.com • Lun.-sam. 8h-12h et 13h30-18h, dim. 9h-12h et 14h-18h.*

Domaine Albert Seltz

Vins 4

Dans une demeure Renaissance au cœur du village, Albert Seltz, fervent défenseur du sylvaner, vous fera apprécier ce cépage un peu sous-estimé… et d'autres merveilles bio travaillées avec amour : un riesling Grand Cru Zotzenberg, un gewurz et un pinot gris.

***Mittelbergheim** • 21, rue Principale • 03 88 08 91 77 • albert-seltz.fr • Lun.-mar. et jeu.-ven. 8h-12h et 14h-18h, mer. et sam. sur r.-v. • Vis. de cave (10 €) sur r.-v.*

Chaussettes Labonal

Local 5

Depuis 1924, la marque (contraction de « La Bonneterie Alsacienne ») porte très haut le prestige du mi-bas et de la socquette ! Dans le magasin de 300 m², implanté au cœur de l'usine, plus de 600 modèles inusables (12 € en moyenne) : une vraie fierté locale !

***Dambach-la-Ville** • 13, route de Blienschwiller • 03 88 92 65 29 • labonal.fr • Lun.-ven. 14h-18h, sam. 10h-17h.*

Domaine Beck-Hartweg (Dambach-la-Ville)

Domaine Beck-Hartweg

Vins 6

Dans une cave de 1784, la famille Beck-Hartweg – issue de 14 générations de vignerons ! – vous dira tout sur le Grand Cru Frankstein. Accueilli par Florian et Mathilde, vous découvrirez les vins de caractère de ce petit domaine de 7 ha dont l'origine se perd dans la nuit des temps (on en trouve une mention en 1550 !), passé en bio en 2008.

***Dambach-la-Ville** • 5, rue Clemenceau • 03 88 92 40 20 • beckhartweg.fr • T.l.j. sur r.-v. 9h-12h et 13h-18h.*

Activités Détente

Les Circuits de Bacchus

Rando dans le berceau du vignoble alsacien

Quatre balades balisées invitent à sillonner la ceinture viticole de Strasbourg, autour du mont Scharrach. L'occasion de découvrir quelques-uns de ses 19 villages et de déguster quatre Grands Crus : Steinkoltz à Marlenheim, Altenberg à Bergbieten et à Wolxheim (le vin préféré de Napoléon Ier !), Bruderthal à Molsheim et Engelberg à Dahlenheim. Circuit du Riewerle au départ de Marlenheim (15 km, 4h30), ou du Trotele au départ de Molsheim (14 km, 3h30).

Brochures disponibles dans les OT (voir p. 88) ou : lescircuitsdebacchus-alsace.com.

À l'École des Vins - Arthur Metz

Prendre un cours d'œnologie

Pour apprendre à déguster le fameux nectar dans les caves Arthur Metz, spécialiste des crémants d'Alsace, en compagnie d'un sommelier-caviste et aborder la route des vins en connaissance de cause ! L'École des Vins organise aussi des dégustations thématiques et des cours sur les accords mets-vins, les vignobles français et les grands cépages. Pensez à réserver.

Marlenheim • 102, rue du Général-de-Gaulle • 03 88 59 57 43 • alecoledesvins.fr et fr.arthurmetz.com • À partir de 39 € pour 2h de cours.

Hostellerie des Châteaux

Plonger dans un bain à la vigne rouge

Gommage au marc de raisin, enveloppement au raisin frais, soin du visage au muscat et pinot noir, bain tonique à la vigne rouge (48 €)… Dans ce luxueux spa, on se fait chouchouter sous le signe de Bacchus ! Goûtez aux vertus de la vinothérapie ou profitez simplement d'un moment de pure détente : piscines, Jacuzzi, hammam, douches à expériences et sauna des montagnes avec vue imprenable sur le mont Sainte-Odile.

Ottrott • 11, rue des Châteaux • 03 88 48 14 14 • hostellerie-chateaux.fr.

Klevener et pain d'épice (circuit à vélo)

Balade gourmande

Une boucle locale de l'« Alsace à vélo » à travers vignes et chemins allie découverte des petits villages et gastronomie locale : passage gourmand par Gertwiller, la capitale du pain d'épice, par Heiligenstein, qui produit le klevener, un cépage unique donnant un vin blanc aromatique, et par Saint-Pierre, dont la brasserie artisanale propose des dégustations (voir p. 101).

Au départ de Barr • 31 km • Dénivelé 330 m • Brochure et location de vélo électrique à l'OT du Pays de Barr (voir p. 88).

LE VIGNOBLE ET LES VINS D'ALSACE

L'Alsace aime les bons vins ! Les atouts de ce vignoble unique, dont l'or blanc est célébré dans le monde entier ? Un savoir-faire ancestral élaboré par les Romains, des coteaux vosgiens ensoleillés, des sols variés (granitiques, argileux, calcaires) et un climat plutôt sec. Le long des 170 km de la route des vins, plusieurs centaines de domaines proposent visites de caves et dégustations. Vous les trouverez dans les villages et non au milieu des vignes comme dans d'autres régions viticoles.

Voir p. 129, notre top des dégustations

Petite histoire du vin alsacien

Dès le Moyen Âge, on trouvait du vin d'Alsace sur les tables des cours européennes, et son commerce fit la fortune de villes comme Colmar, Rouffach, Riquewihr ou Eguisheim... Puis vint le temps des catastrophes : la guerre de Trente Ans d'abord, qui au XVIIe s. détruisit les deux tiers du vignoble, ainsi que plusieurs épidémies de phylloxéra.

Il a fallu attendre le début du XXe s. pour que la production reprenne, grâce notamment au travail des vignerons qui ont établi des règles de culture et d'élaboration strictes et n'ont cessé depuis d'améliorer la qualité de leur vignoble.

Sept cépages

En Alsace, la dive bouteille se définit par le cépage. Star locale, le **riesling** sec et racé est le parfait allié des crustacés et des choucroutes. Le **sylvaner**, fruité et léger, s'harmonise avec les produits de la mer et la charcuterie. Le **pinot blanc**, tendre et délicat, accompagne les volailles et les fromages doux. Le **pinot noir**, l'exception rouge ou rosé, ensorcelle les viandes et le camembert. Très aromatique, le **muscat** magnifie les apéritifs et les asperges. Le très charpenté **pinot gris** exalte les gibiers et le foie gras. Quant au suave **gewurztraminer**, il embellit les desserts et... le munster !

L'edelzwicker, assemblage de différents cépages, est de qualité moindre et variable.

Trois AOC

Les vins de l'**AOC Alsace** (75 % de la production) portent le nom de leur cépage, avec la mention « communale » ou « lieu-dit » si le vin présente une typicité particulière.

Soumis à des contraintes de qualité sévères, les 51 terroirs bénéficiant de l'**AOC Alsace Grand Cru** n'ont droit qu'aux cépages nobles : riesling, muscat, pinot gris et gewurztraminer. L'étiquette indique le cépage, le millésime et le lieu-dit. Ils sont dans les deux cas présentés dans la flûte d'Alsace, bouteille mince à col allongé.

Enfin, l'**AOC Crémant d'Alsace** protège les vins effervescents obtenus selon la méthode champenoise à partir de différents cépages.

Vins d'exception

Deux mentions prestigieuses peuvent compléter les deux AOC Alsace et Alsace Grand Cru. Les vins **Vendanges tardives**, moelleux très fruités, proviennent des cépages nobles récoltés en surmaturité. Les **Sélections de grains nobles**, vins plutôt liquoreux, sont obtenus par tris successifs des grains atteints de pourriture noble. Le nec plus ultra des vins d'Alsace !

Vendangeur d'un jour

À vos sécateurs ! Grâce aux vendanges touristiques d'Alsace, vivez une expérience unique, participative et conviviale chez un vigneron indépendant le temps d'une demi-journée. Au programme, petit cours sur les techniques de vendange, cueillette des grappes (1h à 2h), visite du pressoir, dégustation de vins, casse-croûte dans les vignes et remise de votre diplôme « Vendangeur d'un jour ». Même les enfants peuvent participer !

De fin août à mi-oct. • Liste des vignerons participants sur alsace-du-vin.com • Rés. auprès des OT partenaires • Tarif adulte 30 € (45 € avec repas).

SÉLESTAT ET LE HAUT-KŒNIGSBOURG

7

Des montagnes aux vertes prairies du Ried, ce coin d'Alsace au bestiaire inattendu prête son décor apaisant, ses eaux mutines et ses chemins de traverse aux amoureux de nature et de contemplation. Écouter le craquètement des cigognes, donner du pop-corn aux singes, admirer le ballet des grands rapaces ou débusquer les daims dans la forêt de l'Ill*Wald : la destination est parfaite pour divertir les tribus ! Reste à découvrir trois joyaux : la Bibliothèque humaniste de Sélestat, l'église baroque d'Ebersmunster et le Haut-Kœnigsbourg, château phare de la région.

Sélestat

Voir le plan sur le rabat arrière

1 Sélestat⁺⁺

Tels des phares dans la plaine, ses clochers présagent d'un patrimoine de haute volée : des églises romanes et gothiques, des demeures Renaissance et un incomparable trésor culturel, la Bibliothèque humaniste, inscrite au registre Mémoire du monde de l'Unesco. Mais Sélestat l'érudite, haut lieu de l'humanisme rhénan, ne collectionne pas seulement les monuments. Le FRAC l'a fait entrer dans le XXIe s., ses ruelles de pêcheurs sont plus charmantes que jamais, et on s'y régale de matelote de poissons d'eau douce et de tomme du Ried.

Bibliothèque humaniste⁺⁺⁺

Ambiance *Nom de la rose* version 2.0 ! Vous entrez dans l'une des plus prestigieuses bibliothèques d'Occident, léguée par l'humaniste

Beatus Rhenanus (1485-1547), ami d'Érasme. Son trésor compte de précieux manuscrits médiévaux et des imprimés des XVe et XVIe s. : lectionnaire mérovingien du VIIe s., cosmographie de 1507 comportant l'acte de baptême de l'Amérique, cahier d'écolier de Rhenanus… à feuilleter virtuellement sur des tables numériques.

Dans l'ancienne **halle aux blés** du XIXe s., revue et corrigée par Rudy Ricciotti (l'architecte du Mucem à Marseille), une visite ludique et interactive pour tout comprendre de l'humanisme, courant de pensée qui plaçait l'homme au centre de l'univers.

1, pl. du Dr-Maurice-Kubler • 03 88 58 07 20 • bibliotheque-humaniste.fr • Mai-sept. et déc. mar.-dim. 10h-12h30 et 13h30-18h, fév.-avr. et oct.-nov. 13h30-17h, f. janv. • Entrée 6 € • Vis. guidée (+ 2 €) juil.-août à 11h, 14h et 16h, sept.-déc. et fév.-juin à 15h.

Maison du Pain d'Alsace*

Percez les secrets du pain, du bretzel et des kouglofs ! Dans l'ancien poêle (lieu de réunion, XVIe s.) de la corporation des boulangers, ce musée vivant baigné par les odeurs de pain chaud promet une visite savoureuse. Le fournil, toujours en activité, donne l'occasion de jouer aux apprentis boulangers. Les spécialités fabriquées sur place se dégustent dans le salon de thé.

7, rue du Sel • 03 88 58 45 90 • maisondupain.org • Mai-sept. et déc. mar.-dim. 9h-18h (17h30 dim. ; f. entre 12h30 et 14h les dim. de sept.), oct.-nov. et jan.-avr. 9h-12h30 et 14h-18h (17h30 dim.), f. 3 sem. en jan. • Entrée 5 €, gratuite - 16 ans • ateliers tte l'année.

Saint-Georges**

Charlemagne célébra ici Noël en 775, dans une chapelle qui précéda la construction de cette église, bijou d'architecture gothique, l'un des plus beaux d'Alsace. Aux verrières éclatantes du XVe s. (restaurées dans les années 1960) s'ajoute une autre œuvre exceptionnelle : la **chaire Renaissance** qui arbore un Samson aux veines saillantes et un extraordinaire bestiaire.

Pause veggie : L'Acoustic

Cette adresse charmante et cosy affiche une ardoise « cuisine du monde » 100 % végétarienne, distillant de bons petits plats bio qui changent tous les jours. Sa terrasse sur une adorable placette aux maisons peintes, à côté de l'église Sainte-Foy, est un must aux beaux jours !

16 Carte rabat arrière • ***Sélestat*** *• Pl. du Marché-aux-Poissons • 03 88 92 29 40 • restobiolacoustic.com • Lun.-sam. 8h-18h (22h-ven.-sam.) • Menu 14 € midi en sem.*

Beatus Rhenanus est enseveli dans le transept occidental.

Pl. Saint-Georges • 09 60 19 15 99 • T.l.j. 8h-19h.

Sainte-Foy⁺⁺

Concurrente de Saint-Georges « la gothique », cette église du XIIe s. incarne l'apogée de l'art roman. De ses trois tours de grès rose et gris, celle du transept, haute de 43 m et coiffée d'une flèche de pierre, est un pur chef-d'œuvre. À l'intérieur, voyez la chaire baroque en bois polychrome et le magnifique bas-relief roman (XIIe s.) à côté du baptistère, probablement le couvercle d'un sarcophage d'enfant.

Pl. du Marché-Vert • 03 88 58 00 38 • T.l.j. 8h-12h et 13h30-18h (avr.-oct. 8h-19h).

Tour de l'Horloge⁺

La tour Neuve, vestige de l'enceinte du XIIIe s., doit son surnom à la petite merveille qui la surplombe, mise au point au XIXe s. par Jean-Baptiste Schwilgué, l'orfèvre de l'horloge astronomique de Strasbourg (voir p. 23). Admirez les fresques : d'un côté, la Vierge accompagnée de sainte Foy ; de l'autre, saint Christophe, patron des voyageurs.

Rue du Président-Poincaré • Ne se vis. pas.

FRAC Alsace⁺⁺

Las des vieilles pierres ? Fier navire de verre amarré au bord de l'Ill, le **Fonds régional d'art contemporain** fait souffler un vent de modernité sur la sage Sélestat avec plusieurs expositions par an, un jardin d'artistes et une biennale d'art contemporain. La jeune création européenne s'illustre dans toute la palette des arts visuels !

1, route de Marckolsheim • 03 88 58 87 55 • frac.culture-alsace.org • Mar. et ven. 17h30-21h30, dim. 15h-19h • Vis. gratuite.

Remparts Vauban

Démantelées par les Allemands en 1874, les murailles édifiées au XVIIe s. sur ordre de Louis XIV suivaient le tracé de l'enceinte médiévale. Depuis 1993, *Le Rêve* du plasticien Sarkis, composé de 310 plaques de rue émaillées (comme les 310 rues de Sélestat) portant des bribes de textes, est un irrésistible appel au songe et à la promenade.

2 Église abbatiale d'Ebersmunster⁺⁺

On les voit de loin, ses trois clochers à bulbe vernissés qui dominent le village. Vision insolite qui signale **la plus belle église baroque d'Alsace**. Fondée au VIIe s., l'église de l'abbaye Saint-Maurice fut reconstruite dans le style baroque allemand en vogue au XVIIIe s. Le résultat ? Un intérieur lumineux, magnifiquement décoré de peintures monumentales, de stucs, de colonnes, de dorures et d'un orgue Silbermann. Pour un peu, on se croirait en Autriche !

T.l.j. 9h-18h (17h en hiver).

3 Kintzheim

Au départ de la gare de Sélestat, la ***navette du Haut-Kœnigsbourg*** *(ligne 500) dessert le centre-ville de Kintzheim et les attractions ci-dessous • Aller simple 2,50 € • Réduction à l'entrée des sites sur présentation du coupon-transport.*

Cigoland*

Faire du manège en compagnie des cigognes ? L'échassier vedette est présent partout dans la déco de ce **parc de loisirs**, y compris sur le train qui fait le tour des attractions : bateaux tamponneurs, vieux tacots, carrousel, canoës et un King Kong géant qui vous propulse dans les airs. Il y a aussi de vraies **cigognes** (plus de 120 !), une harde de daims et des animaux de la ferme.

Route de Sélestat • 03 88 92 36 36 • cigoland.fr • Juil.-août t.l.j. 10h-18h, avr.-oct. horaires variables • Entrée 18 €, 3-11 ans 16 €.

Volerie des Aigles***

Un ballet à plumes néoféodal qui a la cote : les aigles, faucons, buses, condors ou vautours nichés dans le **château de Kintzheim** offrent un spectacle de… haute volée ! La ruine médiévale s'improvise cirque aérien pour d'époustouflantes démonstrations de vol et d'atterrissages d'une précision inouïe. Sensation garantie quand un grand rapace effleure votre tête.

Château de Kintzheim • 03 88 92 84 33 • voleriedesaigles.com • Juil.-août t.l.j. 10h-18h30, avr.-oct. horaires variables • Entrée 10 €, gratuite - 5 ans.

Montagne des Singes**

Et si on allait faire des grimaces aux magots ? Depuis 1969, une colonie de ces macaques de Barbarie, issus de l'Atlas marocain, vit en semi-liberté dans une forêt close de 24 ha au pied du Haut-Kœnigsbourg. Plus de 200 individus descendent des branches pour un

Où écouter le craquètement des cigognes ?

En 1974, il ne restait que neuf couples de cigognes en Alsace (voir p. 116). Désormais, elle en compte 1 000, grâce aux centres de réintroduction. Vous pourrez les observer à Cigoland (Kintzheim), au Naturoparc de Hunawihr et dans différents parcs et enclos en accès libre : à l'Orangerie à Strasbourg, à Marlenheim (rue du Moulin), Molsheim (rue du Moulin-l'Évêque), Turckheim (route de Saint-Gilles, nourrissage à 16h30), Eguisheim (rue du Bassin), Rouffach (sur le circuit des remparts, nourrissage à 16h en hiver, 17h en été) et Soultz.

brin de causette et chiper dans vos mains le pop-corn offert à l'entrée. Les enfants adorent…

La Wick • 03 88 92 11 09 • montagnedes singes.com • Juil.-août t.l.j. 9h30-18h, avr.-oct. horaires variables • Entrée 9,50 €.

4 Château du Haut-Kœnigsbourg✦✦✦

Et soudain, il apparaît, comme surgi d'un roman chevaleresque… Décor du film de Jean Renoir *La Grande Illusion* (1937), le château fort cramponné à son rocher domine toute la plaine d'Alsace du haut de ses 757 m, 270 m de long, jusqu'à 60 m de large… Ajoutez-y des murs de 9 m d'épaisseur à la base, un donjon, des fossés creusés dans le roc : vous comprendrez ce que « forteresse imprenable » veut dire.

Une histoire singulière

Le nid d'aigle des Hohenstaufen et des Habsbourg, érigé au XIIe s., sera détruit au XVe s., reconstruit dans la foulée puis incendié par les Suédois en 1633. C'est une ruine quand, en 1899, l'empereur **Guillaume II**, qui a annexé l'Alsace, décide d'en faire un château-musée à la gloire de la chevalerie allemande. Seul château fort de montagne entièrement restauré en Alsace, il fait merveilleusement revivre le Moyen Âge.

Château du Haut-Kœnigsbourg

Appartements

Dans l'enfilade de pièces monumentales avec mobilier d'époque, on découvre la salle d'armes, le dragon Grauli de la chambre Lorraine – qui autrefois hantait la cathédrale de Metz –, la salle des trophées de chasse et, bien sûr, la salle du Kaiser, colossale, dominée par l'aigle impérial.

Grand bastion

Depuis ce véritable bouclier à l'impressionnante artillerie, le point de vue est saisissant. Du haut de la tour sud se déploie la plaine des Vosges, tandis qu'au nord se dessinent le château de l'Ortenberg et les ruines du Frankenbourg. Par temps clair, on distinguerait jusqu'au mont Blanc !

***Commune d'Orschwiller** • 03 69 33 25 00 • haut-koenigsbourg.fr • Ouv. t.l.j. : juin-sept. 9h30-12h30 et 14h-18h45 (sf juin 18h15 et sept. 17h45), avr.-mai 9h15-18h, mars et oct. 9h30-17h45, nov.-fév. 9h30-12h et 13h-17h15 • Attention : ouv. à 10h30 lun. tte l'année ; f. billetterie 45 min avant ; rés. obligatoire juin-sept. ; f. 1er jan., 1er mai et 25 déc. • Entrée 9 €, gratuite - 6 ans et 1er dim. du mois nov.-mars.*

Restos Bistrots

Au Bon Pichet

Winstub 12 Carte rabat arrière

Cassolette d'escargots aux épinards, rognons de veau à la crème, jarret de porc fumé, quenelles de sandre sauce matelote… Voilà en substance les merveilles de cette winstub familiale. Végétariens, passez votre chemin : le maître d'œuvre est un boucher.

***Sélestat** • 10, pl. du Marché-aux-Choux • 03 88 82 96 65 • aubonpichet.fr • Mar.-sam. 12h-13h30 et 19h-21h30 • Plat du jour 13 €, plats 20-29 €.*

Au Pied de Bœuf

Traditionnel 13

Ambiance et cuisine populaires dans cette grande taverne répartie sur trois niveaux. Pour les inconditionnels de la cuisine régionale (très) roborative, providentielle par temps froid : pièces de bœuf, bouchée à la reine…

***Sélestat** • 17, rue du Président-Poincaré • 03 88 92 11 29 • pieddeboeuf.fr • Ouv. 12h-14h et 18h30-22h sf mar. soir et mer • Plats 14-25 €.*

Infos Covid-19

Compte tenu du contexte sanitaire, de nombreux sites et adresses sont amenés à restreindre leurs horaires d'ouverture et à s'adapter à la situation. Nous vous recommandons de vérifier les horaires et conditions de visite de chaque lieu et adresse sur leur site Internet ou leur page Facebook.

Le Stork

Contemporain 14

En dehors du vieux Sélestat, une ample salle aérée et joliment contemporaine, doublée d'une terrasse aux beaux jours. Le restaurant de l'hôtel *Vaillant* distille une cuisine française créative et propose un brunch sucré-salé le dimanche de 10h30 à 14h.

***Sélestat** • 7, rue Ignace-Spies • 03 88 92 09 46 • restaurant-stork.com • T.l.j. 12h-14h et 18h-21h sf sam. midi et dim. soir • Brunch 29 € adulte, 14 € enfant.*

Auberge Saint-Martin

Flammekueche 15

Restaurant autoproclamé « Empereur de la tarte flambée », il décline la flammekueche sous toutes ses formes : traditionnelle, gratinée, au munster, au saumon et même sucrée aux pommes et flambée au calvados en dessert.

***Kintzheim** • 80, rue de la Liberté • 03 88 82 04 78 • Jeu.-lun. 12h-14h et 19h-22h • Tartes flambées autour de 11 €.*

VOIR AUSSI P. 107

L'Acoustic 16

Bars, clubs Sorties

Larmes de Vin

Bar à vins 3 Carte rabat arrière

Ambiance cocooning dans ce bar à vins qui propose à la dégustation des vins de France et du monde ainsi qu'une petite restauration : tartines le midi, planchettes de charcuterie (15 € pour 2), fromages, tapas et bruschettas le soir.

***Sélestat** • 2, pl. d'Armes • 03 88 82 22 94 • bar-larmesdevin.fr • Mar.-sam. 12h-14h30 et 18h-23h (1h ven.-sam.).*

Bar Le Tigre

Musical 4

Allergique aux musiques formatées ? Ce félin bien connu des noctambules sélestadiens rugit aux sons des concerts punk-rock, indie-pop, métal et autres depuis plus d'un quart de siècle. *Blind tests*, soirées à thème pour danser sur les musiques du Top 50 ou des années 1970, et grande terrasse.

***Sélestat** • 5, rue d'Iéna • 03 88 92 07 06 • Lun.-jeu. 10h-1h30, ven.-sam. 10h-3h, dim. 13h-1h30 • Cocktail 6-8 €.*

Les Brasseurs du Ried

Bierstub 5

Une brasserie artisanale qui ne manque pas d'eau ! Plantée au cœur des prairies inondables et des ruisseaux du Grand Ried, elle a même les pieds dans l'eau une bonne partie de l'année. Vous pourrez déguster les bières produites sur place dans la bierstub ou, en été, sur la terrasse du biergarten : une blonde, une blanche, une ambrée et six saisonnières (autour de 4 €).

***Muttersholtz** (à 6 km de Sélestat) • 32, rue Ehnwihr • 09 67 23 31 83 • brasseurs-du-ried.fr • Jeu.-lun. 17h-22h – **Biergarten :** les w.-e. de juin et sept. et t.l.j. en juil.-août 12h-19h.*

Shopping Cadeaux

Marché de Sélestat

Marché 7 Carte rabat arrière

La vieille ville accueille l'un des plus grands marchés d'Alsace le **mardi matin**. Près de 200 commerçants et producteurs y proposent produits bio et régionaux, primeurs, boucherie et charcuterie, fromages, plats cuisinés, fleurs, vêtements… Sinon, le **samedi matin**, un petit marché bio se tient à l'arsenal Saint-Hilaire, et le marché des produits du terroir investit la place Vanolles et le square Ehm.

***Sélestat** • Rue du Président-Poincaré • Mar. 8h-12h.*

La Petite Ferme Riedwasen

Épicerie 8

Poussez la porte de l'épicerie fine de Jean-François Bauer, débordante de bons produits locaux, pour la plupart issus d'une agriculture raisonnée et biologique : laitages, viande fermière, foie gras, fromages, vins, confitures, miels, biscuits et sucreries… On peut profiter de la terrasse pour l'apéritif avec une bonne planchette de charcuterie et de fromages (15 € pour 2 pers., 24 € avec vin).

Sélestat* • *44, rue des Chevaliers* • *03 88 58 48 22* • *lapetitefermeriedwasen.fr* • *Lun. 13h-19h, mar.-mer. 8h-19h, jeu.-ven. 8h-21h, sam. 8h-18h, dim. 10h-13h.

Les Confitures de Nicole

Gourmandises 9

Faites vos provisions de confitures artisanales ! Il y en a pour tous les goûts (4,50 €) : cerises noires d'Alsace, fraises au pinot noir, griottes à la bière d'Alsace, mirabelles au gewurztraminer, quetsches à la cannelle, pain d'épice, oranges au whisky alsacien… Tout est fabriqué dans le petit atelier par Nicole et sa fille Sophie. En plus des confitures, une multitude de produits gourmands alsaciens.

Châtenois* (à 6,5 km de Sélestat) • *55, rue du Maréchal-Foch* • *03 88 85 66 90* • *confiture-alsace.fr* • *Lun.-sam. 9h-12h et 14h-18h.

Rucher des 3 Châteaux

Miel 10

Et si on allait butiner dans la ferme apicole de la famille Colin-Valentin ? Depuis trois générations, ces apiculteurs proposent des miels 100 % naturels, récoltés en Alsace et labellisés miels de producteur IGP. Aux populaires miels de forêt, de sapin et de tilleul s'ajoutent des produits inattendus comme le Noisimiel, une pâte à tartiner à la noisette et au miel d'acacia (8 €), ainsi que des barres de nougat au miel de châtaignier, pistaches et noisettes grillés.

Châtenois* (à 6,5 km de Sélestat) • *24, chemin du Neuerweg* • *06 15 80 68 85

Sélestat

• rucher3chateaux.fr • Lun.-sam. 9h-12h et 14h-18h (17h sam.).

Activités Détente

Watt Rider

Easy Rider dans le vignoble

Oui mais sans bruit et sans polluer ! Vous avez au moins 20 ans et le permis voiture ? Alors, enfilez gants et casque, et chevauchez une moto électrique au look vintage pour découvrir le Haut-Kœnigsbourg ou la route des vins au départ de Sélestat. 100 km d'autonomie pour rouler en toute liberté au milieu des vignes ou suivre l'un des trois itinéraires recommandés. Une aventure idéale en amoureux ou entre copains !

***Sélestat** • 1, quai de l'Ill • 09 54 76 48 00 • wattrider.fr • Lun.-ven. 10h-12h45 et 14h-18h, sam.-dim. sur r.-v. • 65 € les 4h.*

Cakcis

Sortez les pagaies

Rien de tel qu'une sortie en canoë ou en paddle le long de rivières tortueuses pour profiter de la beauté de la région et de sa nature intacte. Installé sur les berges de l'Ill, le Canoë-Kayak Club de l'Ill-Sélestat propose différentes sorties (location ou randonnée guidée) : à la demi-journée, entre Illhaeusern et Sélestat ou de Sélestat à Ebersmunster (8-12 km) ; à la journée, entre Colmar et Sélestat ou de Sélestat à Sermersheim (15-24 km).

***Sélestat** • 4, impasse Jean-François-Champollion • 03 88 92 29 84 • cakcis.com • Location demi-journée 20 €, sortie avec guide 27 €.*

Le Batelier du Ried

Découvrir le Ried avec le dernier calfat

À bord d'une barque à fond plat construite par ses soins, Patrick Unterstock, tout dernier « calfat » (fabricant de barque) et batelier de la région, fait découvrir le Ried. Comptez 3h de « balade érudite » sur l'histoire, la faune, la flore et l'imaginaire de cette zone inondable luxuriante aux portes de Sélestat. Sans oublier de déguster l'« élixir du batelier » !

***Muttersholtz** (à 6 km de Sélestat) • 21, rue Ehnwihr (en face de la maison de la Nature) • 03 88 85 13 11 • batelier-ried.com • Accès en bus TIS, ligne B départ gare de Sélestat, arrêt Ehnwihr • Pâques-Toussaint, t.l.j. sur rés. (sf lun. en juil.-août) • 18 €-25 €/pers. selon le circuit (min. 6 pers.), famille 75 € (2 adultes, 2 enfants).*

Le Ried, en barque ou à pied

LE CIRCUIT DE L'ILL*WALD

Enfilez vos bottes et promenez-vous, aux portes de Sélestat, au cœur de la luxuriante forêt d'eau de l'Illwald. Cette zone humide exceptionnelle, classée réserve naturelle sous le nom d'Ill*Wald (avec astérisque), abrite la plus grande horde de daims sauvages de France, mais aussi des castors, martins-pêcheurs et cigognes blanches. Vous déambulerez au milieu des prairies humides et des roselières, et franchirez une multitude de cours d'eau parmi les frênes, les aulnes et les peupliers.

1.

Du carrefour de départ, empruntez le chemin de terre qui longe le ruisseau Hollockgraben, puis tournez à g. sur le sentier qui rentre dans la forêt juste avant le pont qui enjambe l'Ill.

2.

Bifurquez à dr. au carrefour en Y où se trouvent des abris pour ruches. Franchissez les trois ponts qui enjambent les cours d'eau et fossés de drainage, caractéristiques de ce milieu inondable, puis tournez à g. sur le chemin forestier en direction de la chapelle du Chêne (losange bleu).

3.

Longez le cours d'eau Schiffwasser, visible sur votre g., à l'ombre des grands chênes : l'inextricable forêt prend ici des airs mystérieux. Reprenez votre souffle à la chapelle du Chêne, puis continuez tout droit jusqu'à la lisière de la forêt, où le paysage s'ouvre à nouveau. La route se profile au loin.

4.

Arrivé au niveau de la D424 (prudence !), tournez à g. et empruntez la piste cyclable jusqu'au rond-point et parking de départ. ■

L'Ill aux trésors

Pour découvrir l'Ill*Wald en famille, optez pour ce sentier d'interprétation, accessible à tous, à pied ou à vélo, au départ de la place du Vieux-Port à Sélestat (balisage trace de pas bleue). Ponctuée de 12 stations d'interprétation, la boucle de 5 km dont 2 km dans la réserve naturelle, offre un parcours entre ville, terres agricoles, forêt alluviale, prairies de fauche et rivières.

INFORMATIONS PRATIQUES

- Temps de marche : 2h30.
- Distance : 9 km.
- Difficulté : facile.
- Départ et arrivée : carrefour D159 et D424 (parking) sur la route de Marckolsheim (à 1,5 km de Sélestat par le pont de l'Ill, entre le FRAC et la médiathèque).
- Balisage : anneau rouge et losange bleu.
- Fermé pendant les inondations et interdit en cas de vent (risque de chutes d'arbres).

MADE IN ALSACE

Flanquée d'une mascotte au bec rouge et d'une coiffe « oreilles de Mickey », l'Alsace cumule les clichés, popularisés par le dessinateur Hansi. Au rayon des arts et traditions populaires, on raffole de ses vieux kelsch débusqués chez l'antiquaire et de ses adorables poteries. Un monde à découvrir au Musée alsacien de Strasbourg (p. 55).

Cigognes

L'oiseau fétiche de l'Alsace a failli déserter la région dans les années 1980. Assèchement des marécages du Ried de Sélestat, multiplication des lignes à haute tension, emploi généralisé des pesticides : l'échassier emblématique ne revenait plus d'Afrique où il passait l'hiver. Fort heureusement, les essais de réacclimatation ont porté leurs fruits : désormais nourries à demeure, certaines cigognes restent sous les cieux alsaciens.

Si, comme chacun sait, l'oiseau livre les nouveau-nés dans les foyers, c'est seulement depuis 1871, date à laquelle une légende pouponnière d'outre-Rhin a été importée par l'Empire allemand.

Coiffe alsacienne

Alors qu'elle est tombée en désuétude depuis les années

1920, la fameuse coiffe colle à la peau des Alsaciennes. Pourquoi un tel succès ? Parce qu'elle est énorme ! Vers 1800, ce couvre-chef a pourtant commencé fort modestement avec un mince ruban de soie fermé par un petit nœud. Au fil du temps, ruban et nœud ont pris une telle ampleur (jusqu'à 1 m de diamètre !) qu'il fallait une armature en fer pour les soutenir…

Mais ce grand papillon noir ne reflète en rien la diversité des coiffes et des costumes traditionnels, à découvrir lors des fêtes folkloriques.

Le kelsch

Proche cousin du tartan écossais, le tissu à carreaux ou à rayures rouge et bleu était tissé à domicile par les paysans. D'abord en lin pur ou en chanvre puis en métis (lin et coton), teinté à l'indigo ou à la garance, il était prisée, car très solide, pour confectionner le linge de maison : housses, taies, rideaux d'alcôve, nappes, torchons…

Longtemps oublié dans les greniers, le kelsch a de nouveau le vent en poupe. Mais, attention, les imitations sont légion dans les boutiques à touristes.

Soufflenheim vs Betschdorf

Terrines à choucroute, moules à kouglof ou cocottes à baeckeoffe ornés de fleurs ou de petits points, les poteries vernissées de **Soufflenheim** égayent les cuisines alsaciennes depuis des siècles. Une poterie pleine de fraîcheur pour la cuisson au four !

Reconnaissable à son décor bleu cobalt sur fond gris, la poterie en grès de **Betschdorf** a été conçue pour conserver les aliments et tenir au frais l'eau et le vin : beurrier, cruches, pichets… La technique de vernissage, par projection de sel en cours de cuisson, est restée la même depuis 1717 !

Quand l'Alsace touche du bois

Apparu au XVIIe s., le mobilier polychrome a habillé la *stub*, la pièce à vivre des maisons paysannes, jusqu'au milieu du XIXe s. : armoire de mariage, lit à baldaquin, coffre-banquette… badigeonnés de sang de bœuf et décorés au pochoir de fleurs, de cœurs et d'étoiles. Quant aux chaises en noyer ou en hêtre, elles se distinguent par leur dossier sculpté en forme de cœur ou de bretzel et leurs pieds divergents.

Images d'Alsace

Lettres de baptême, souvenirs de conscription, de mariage ou de décès et images religieuses censées protéger la maison sont un autre terrain d'expression de l'art populaire. Collages, dessins colorés fourmillant de motifs décoratifs ou peintures sous verre naïves copiant des œuvres célèbres ont laissé des témoignages émouvants de l'Alsace rurale d'antan.

DE SAINT-HIPPOLYTE À TURCKHEIM

8

Nous sommes désormais dans le Haut-Rhin, où la portion la plus enthousiasmante de la route des vins déroule son chapelet enchanteur de vieilles cités fortifiées et de châteaux ruinés, perchés en vigie sur les collines vosgiennes. Ribeauvillé, Hunawihr, Riquewihr, Kaysersberg... autant de villages sortis d'un conte de Noël, hors du temps et coquets en diable, synonymes de colombages et de murs colorés habillés de flopées de géraniums. Sur les sentiers viticoles, les Grands Crus mythiques s'affichent comme des stars, façon panneau Hollywood, au milieu des vignes. Voilà l'Alsace telle que vous l'avez rêvée !

Ribeauvillé

Voir plan sur le rabat arrière.

1 Saint-Hippolyte✦

On boit la vie en rouge à Saint-Hippolyte ! Dans cette enclave lorraine en terre alsacienne, les ducs de Lorraine ont importé un cépage de Bourgogne, le **pinot noir**, à l'origine de la fameuse appellation « Rouge de Saint-Hippolyte ». Le chemin balisé « Wall » invite à faire le tour des remparts (1316), surbâtis de maisons et d'où s'élance la jolie tour des Cigognes au toit pointu. Intra-muros, maisons Renaissance et baroques se blottissent autour de l'église où sont conservées les reliques de saint Hippolyte, sous la bonne garde de l'ancien château des Ducs de Lorraine.

2 Bergheim✦✦

Bergheim risque bien de vous ensorceler… La charmante

cité médiévale serre dans ses remparts de mignonnes maisons de vignerons fleuries le long de sa Grand-Rue et de ses ruelles tortueuses. Passez dans la **rue des Juifs**, dont la synagogue rappelle que Bergheim abrita l'une des plus importantes communautés juives en Alsace aux XVIIIe et XIXe s., puis attardez-vous sur la jolie **place du marché** avec sa mairie du XVIIIe s., ses belles maisons et sa fontaine en grès.

Maison des Sorcières**

Bergheim, une petite Salem alsacienne ? L'événement est peu connu, et pourtant, aux XVIe et XVIIe s., la cité fut le théâtre de nombreux procès de sorcellerie à l'issue desquels 40 femmes ont été livrées au bûcher. À l'ombre du clocher gothique, ce musée logé dans l'ancien ossuaire de l'église paroissiale retrace la vie de ces malheureuses et les minutes de leurs procès. Petit jardin médiéval attenant.

Pl. de l'Église • 03 89 73 18 64 • haxahus.org • Juil.-août, mer.-dim. 14h-18h, sept. - mi-oct. dim. 14h-18h • Entrée 3 €.

Chemin des remparts**

Double fortification, fossé, mur de contrescarpe, une porte et neuf tours : Bergheim est l'une des rares cités alsaciennes à avoir conservé la quasi-totalité de son enceinte médiévale (XIVe s.). La balade débute à la porte Haute, où la sculpture du « Lack'mi » rappelle que, en vertu du droit d'asile, toute personne pourchassée pour dettes ou crimes non prémédités pouvait trouver refuge ici. Puis se profilent les créneaux de la **tour des Sorcières**, les gargouilles de celle de la Poudrière et les jardins lovés au creux de l'ancien fossé.

Sentier viticole (Kanzlerberg, Altenberg)

Le vignoble vallonné compte deux Grands Crus : le Kanzlerberg et l'Altenberg, où réussit particulièrement le gewurztraminer (Bergheim en est devenue la capitale). Partez à l'assaut de ses coteaux surplombés par le château du Haut-Kœnigsbourg !

*Départ et arrivée : devant le centre sportif et culturel • 1h30 à 2h • Facile – **Balade commentée** en juil.-août mer. à 15h, suivie d'une visite de cave et dégustation ; gratuite ; rens. à l'OT de Kaysersberg (voir p. 88).*

3 Ribeauvillé**

Une beauté médiévale ! Célèbre pour ses étoffes imprimées, sa fête ancestrale des Ménétriers (voir p. 171) et son eau *Carola* qui désaltère l'Alsace (encadré p. 151), Ribeauvillé s'enorgueillit de trois Grands Crus : **Geisberg**, **Kirchberg** et **Osterberg**. L'ancienne cité des seigneurs de Ribeaupierre, dont les châteaux ruinés dominent majestueusement la ville, vous charmera avec sa Grand-Rue colorée d'une ribambelle de maisons à colombages, sa maison des Ménétriers (n° 14) au superbe oriel sculpté (fenêtre en saillie) et sa **tour des Bouchers**.

Cave de Ribeauvillé✦

Ribeauvillé est la capitale de l'œnotourisme alsacien. Doublée d'une galerie d'art, sa cave coopérative est la plus ancienne de France (1895). La visite guidée comprend la salle des foudres, un petit musée sur les métiers de la vigne et du vin, et une dégustation. Une grande diversité de terroirs est représentée dans la boutique, en particulier des vins bio.

2, route de Colmar • 03 89 73 20 35 • vins-ribeauville.com • Lun.-ven. 8h-12h et 14h-18h (8h-19h en juil.-août), w.-e. et j. f. 9h30-12h30 et 14h30-18h30 (9h30-18h30 en juil.-août) • Vis. guidée gratuite mai-août, lun.-ven. à 11h et 16h.

4 Hunawihr✦✦

Une si belle carte postale, immortalisée par Hansi… Voici l'un des « Plus Beaux Villages de France » avec ses maisons vigneronnes aux petites cours étroites, ses caves splendides et son église fortifiée du XVe s. posée sur sa butte, le tout joliment noyé dans les vignes. Mais si Hunawihr est tant aimé, c'est aussi parce qu'il rassemble en un même lieu bonne chère, bons vins et beaux paysages. Un paradis pour épicuriens…

Cave vinicole de Hunawihr✦

Toute la palette des vins alsaciens, du riesling au pinot noir ! Plantée à l'entrée du village depuis 1954, la cave coopérative, qui réunit plus de 130 adhérents, propose des visites guidées gratuites de ses installations et du vignoble sur réservation (jeu. à 15h30 en juil.-août). Vente et dégustation gratuite au caveau, où les Grands Crus Rosacker et Schœnenbourg font figure de star entre Vendanges tardives, Sélection de grains nobles et crémants d'Alsace.

48, route de Ribeauvillé • 03 89 73 61 67 • cave-hunawihr.com • Caveau de dégustation : t.l.j. 9h (9h30 sam.-dim.)-12h et 14h-18h ; f. dim. jan.-mars.

Naturoparc✦✦

Si vous avez raté les cigognes strasbourgeoises, voilà de quoi

Le sentier viticole des Grands Crus

Entre villages typiques et paysages emblématiques, le plus long mais aussi le plus beau des sentiers viticoles alsaciens, justement baptisé « Les perles du vignoble », traverse les villages de Beblenheim, Bennwihr, Hunawihr, Mittelwihr, Riquewihr et Zellenberg, et sept coteaux classés Grands Crus : Frœhn, Mandelberg, Marckrain, Schœnenbourg, Sonnenglanz, Sporen et Rosacker. De simples petites boucles de 1h à 2h sont possibles au départ des six villages traversés.

*Balisage : macaron « Les perles du vignoble » • 17 km • 5h30 à pied, 1h30 à vélo – **Balade accompagnée** par un viticulteur juil.-août lun.-ven. à 17h sf j. f., alternativement dans les 6 localités, suivie d'une vis. de cave et d'une dégustation ; gratuite ; rens. à l'OT (voir p. 88).*

vous rattraper ! Ici, le célèbre échassier, un temps menacé de disparition, se multiplie en toute quiétude. Promenez-vous au rythme du craquètement de 150 cigognes en liberté, assistez au p'tit déj ou à l'apéro des loutres, du grand hamster d'Alsace ou des ratons-laveurs, caressez les poissons dans l'aquarium et ne manquez pas le spectacle des animaux pêcheurs avec manchots, cormorans et otarie.

Route des vins • 03 89 73 72 62 • naturoparc.fr • Juil.-août t.l.j. 10h-18h, avr.-oct. horaires variables (voir Internet) • Entrée 11 €, gratuite - 3 ans.

Jardin des Papillons**

Il ne manquait à Hunawihr qu'une touche d'exotisme… Il y a désormais un jardin de papillons vivants ! Plusieurs centaines de spécimens d'Afrique, d'Asie et d'Amérique volettent en liberté dans de grandes serres garnies de plantes tropicales, en compagnie des grenouilles, des phasmes et des caméléons. Un refuge tout trouvé en cas de pluie !

Route de Ribeauvillé • 03 89 73 33 33 • jardinsdespapillons.fr • Avr.-oct. t.l.j. 10h-18h (17h en oct.) • Entrée 8 €, gratuite - 5 ans.

5 Riquewihr***

Une merveille tout droit sortie d'un conte de fées… Avec ses ruelles pavées, ses maisons à colombages, ses portes cochères, ses remparts et ses petits passages, la « perle du vignoble » et ses Grands Crus **Schœnenbourg** et **Sporen** déplacent les foules ! Que ce soit dans l'immensément pittoresque rue des Trois-Églises ou dans le beffroi du Dolder, qui surplombe la ville, vous ne serez pas seul à contempler ce tableau vivant de l'Alsace éternelle, berceau du crémant.

Riquewihr : le Dolder

Rue du Général-de-Gaulle***

De l'hôtel de ville à la porte Haute, les demeures anciennes rivalisent de beauté. Ne manquez pas la maison Schickhardt (1606 ; n° 12), celle du n° 13 à oriel double, au n° 14 l'étonnant petit « gratte-ciel » à colombages de 25 m (!), la jolie cour de la maison « Au Nid de cigognes » (n° 16), le riche décor de la maison du Gourmet « À l'étoile » (n° 42), et la maison du cloutier au n° 45, avec ses poteaux corniers sculptés. Perdez-vous dans les ruelles alentour : plus paisibles, elles recèlent quelques pépites !

Musée Hansi✦✦

Installé dans l'une des plus anciennes maisons de Riquewihr, ce musée de poche présente 150 œuvres du plus fameux et du plus francophile des artistes alsaciens, **Jean-Jacques Waltz, dit Hansi**, peintre, illustrateur mais aussi écrivain. Huiles, dessins, caricatures, menus et cartes postales témoignent de la diversité des talents de l'artiste.

16, rue du Général-de-Gaulle • 03 89 47 97 00 • Mar.-dim. 10h-11h30 et 13h30-17h30 • Entrée 3 €, gratuite - 5 ans.

Tour du Dolder✦✦

L'emblème de la ville ! La tour de guet de 25 m, érigée en 1291, servait aussi de porte défensive et de beffroi. Un petit musée y évoque l'histoire de Riquewihr du XIIIe au XVIIe s. et la vie des occupants de la tour : portiers, guetteurs, veilleurs de nuit… Il faut y grimper, ne serait-ce que pour admirer les toits de la ville depuis le 4e étage.

57, rue du Général-de-Gaulle • 03 89 58 44 08 • musee-riquewihr.fr • Ouv. avr.-oct. sam.-dim. 10h-12h30 et 14h-17h • Entrée 3 €.

Hansi

Farouchement opposé à l'annexion de sa région par la Prusse, le célèbre illustrateur et caricaturiste colmarien Jean-Jacques Waltz, dit Hansi (1873-1951), a véhiculé à travers ses dessins une image idéalisée de l'Alsace rurale, proprette, fleurie et patriote. Résolument francophile et même franchement germanophobe, il s'attira beaucoup d'ennuis en caricaturant l'empereur Guillaume II et ses fonctionnaires.

Tour des Voleurs✦

Vous vous demandez en quoi consiste le supplice de l'estrapade ? Réponse dans cette tour défensive de 18 m, qui servit de prison du XVe au XVIIIe s. La chambre de torture arbore ce dispositif, efficace pour disloquer les épaules, ainsi que des oubliettes et la salle des gardes, une collection d'instruments à ne pas mettre entre toutes les mains ! Changement d'ambiance dans la **maison de vigneron** voisine, dont on visite la cuisine, la chambre et la cave, aménagées comme au XVIe s.

14, rue des Juifs • 03 89 58 44 08 • musee-riquewihr.fr • Avr.-oct. t.l.j. 10h-12h30 et 14h-17h • Entrée 5 €.

6 Kientzheim✦✦

Attention, ne pas confondre avec le Kintzheim du Bas-Rhin (voir p. 108) ! Le joli bourg médiéval est l'un des rares villages alsaciens encore entièrement cerclés de remparts. Prélude à la découverte de ses ruelles paisibles, de ses maisons alsaciennes et de ses fontaines Renaissance, une curiosité sur la porte Basse, à l'entrée sud de la ville : le « **Lalli** », le plus célèbre tireur de langue d'Alsace ! Un masque grimaçant dont la langue de fer pouvait être actionnée pour narguer les assaillants…

Musée du Vignoble et des Vins d'Alsace**

Pour tout savoir sur les pratiques viticoles alsaciennes ! Une légende raconte que le fameux cépage pinot gris (autrefois appelé « tokay ») aurait été apporté en Alsace par le baron Lazare de Schwendi au XVIe s. Son château abrite un musée à la gloire des vins d'Alsace et des métiers du vin : outils, tonneaux, reconstitution de cave, pressoirs à vis, voitures de vendanges... Les lieux appartiennent à la confrérie Saint-Étienne, dont l'œnothèque renferme plus de 60 000 bouteilles millésimées depuis 1834 !

Château de la Confrérie Saint-Étienne • 1b, Grand-Rue • 03 89 78 21 36 • musee-du-vignoble-alsace.fr • Juil-oct. t.l.j. 10h-12h et 15h-18h, mi-mai - juin sam.-dim. et j. f. 10h-12h et 15h-18h • Entrée 5 €.

Kientzheim

Sentiers viticoles (Schlossberg, Furstentum)

Poursuivez la balade sur le sentier du Schlossberg, premier Grand Cru d'Alsace, ou du Furstentum. 24 panneaux explicatifs sur les terroirs, les cépages, les travaux de la vigne et les secrets du vin rythment l'agréable cheminement au milieu de ce beau vignoble ensoleillé.

*Départ et arrivée : parking de l'hôtel de ville • 1h30 à 2h • Facile – **Balade commentée** en juil.-août, suivie d'une vis. de cave et d'une dégustation ; gratuite ; rens. à l'OT de Kaysersberg (voir p. 88).*

Pause douceur : Au Péché Mignon

Une mine de gourmandises sucrées, délicates et bien crémeuses pour se faire plaisir au goûter. La spécialité de cette pâtisserie-salon de thé bien aimée de Kaysersberg ? Le brie au kirsch (4 €), une pâtisserie délicieuse (ne vous fiez pas au nom), légère et fondante à souhait ! Pour combler les petites faims salées : quiches aux légumes, tartes flambées, salades, sandwichs...

27 Carte rabat arrière • ***Kaysersberg*** *• 67, rue du Général-de-Gaulle • 03 89 47 30 40 • Mer.-lun. 8h-18h30.*

Kaysersberg

7 Kaysersberg***

Prêt à plonger dans un conte des frères Grimm ? Célèbre pour son marché de Noël, c'est un amour de cité médiévale avec son petit pont fortifié de grès rose, son **église Sainte-Croix**, écrin d'un étonnant retable polychrome (1521), sa tour carrée coiffée d'un nid de cigogne et sa collection de maisons qui semblent faites de pain d'épice.

En 15 minutes, un sentier vous mène aux ruines romantiques du **château impérial** (fin XIIe s.) à travers les vignes : 80 ha de **Schlossberg**, le premier à recevoir l'appellation Grand Cru d'Alsace...

Verrerie de Kaysersberg*

Chaud devant ! Un spectacle d'air et de feu se joue sous vos yeux dans cet atelier avec démonstrations de soufflage du verre et présentation des différentes étapes de fabrication. Cette verrerie artisanale renoue avec les gestes ancestraux des maîtres verriers alsaciens, qui ont fait la réputation de la région aux XVIIe et XVIIIe s. Bougeoirs, lampes, vases, animaux, vaisselle en vente à la boutique.

30, rue du Général-de-Gaulle • 03 89 47 14 97 • verrerie-kaysersberg.fr • Vis. libre et gratuite de l'atelier mar.-sam. 10h-12h30 et 14h-17h, f. jan.

Musée Albert-Schweitzer**

La belle maison natale du pasteur, médecin, missionnaire, organiste a été transformée en musée. On peut y voir des objets personnels, des photos ainsi que des masques africains provenant des environs de Lambaréné, l'hôpital créé et dirigé au Gabon par **Albert Schweitzer**, prix Nobel de la paix en 1952.

***126, rue du Général-de-Gaulle • 03 89 47 36 55 •** F. pour rénovation, rens. à l'OT* *(voir p. 88).*

8 Ammerschwihr*

Les vignerons se rencontrent volontiers dans ce village entièrement dédié au vin ! Ils doivent leur bonne fortune à la colline voisine du **Kaefferkopf**, l'une des appellations les plus prestigieuses d'Alsace, la plus ancienne aussi. Réduite en cendres en 1944, Ammerschwihr a quelque peu perdu de son charme, mais de beaux vestiges subsistent : la porte Haute et la tour des Bourgeois, toutes deux du XIIIe s., et la tour des Fripons (XVIIe s.), toute ronde, l'ancienne prison de la ville.

9 Turckheim⁺⁺

Passé la porte de France, chapeautée d'un nid de cigogne, la petite cité fortifiée vous ramène au siècle doré de la viticulture avec son corps de garde, sa fontaine à la Vierge débordante de géraniums, son hôtel de ville à pignon, son *Hôtel des Deux-Clefs* (un bijou !) et ses splendides demeures à colombages. On nage en pleine Renaissance rhénane ! Voir aussi la porte du Brand, qui donne accès aux vignes, et celle de Munster, que franchissaient les condamnés à mort.

Ronde de nuit à Turckheim

Mais qui est ce drôle de personnage en costume d'époque, portant tricorne, hallebarde, cor et lanterne ? Le veilleur de nuit pardi ! Turckheim est la dernière ville de France à en avoir un. Tous les soirs, de mai à octobre, il sillonne les rues en prodiguant aux habitants des conseils de prudence pour éviter les incendies. Une tradition vieille de 500 ans ! Vous pouvez l'accompagner, c'est même une excellente façon de visiter la ville de nuit... et d'apprendre quelques bons mots en alsacien.

Départ à 22h devant l'OT (voir p. 88).

Musée-mémorial des Combats de la poche de Colmar⁺

Dans un caveau du XVIIIe s., où les habitants se sont réfugiés pendant les bombardements de la Seconde Guerre mondiale, le musée relate les combats de l'hiver 1944-1945 qui ont causé des dégâts irréparables, au moyen d'une vidéo, de reconstitutions et de présentation de matériels.

25, rue du Conseil • 03 89 80 86 66 • musee.turckheim-alsace.com • Juin-sept. lun.-ven. 14h-18h, sam.-dim. 10h-12h et 14h-18h ; avr.-mai et oct.-11 nov. : lun.-sam. 14h-18h, dim. 10h-12h et 14h-18h • Entrée 4 €.

Sentier viticole du Dragon

À la découverte du Grand Cru **Brand** ! Ici un dragon livra bataille au soleil et depuis ce jour cette « terre de feu » produit des vins majestueux et d'une grande délicatesse. Jalonné de tables d'interprétation et de QR codes à flasher, ce sentier d'interprétation offre de superbes vues sur les collines zébrées, les toits de Turckheim et les contreforts des Vosges.

Départ et arrivée à l'OT (voir p. 88) • 2,5 km • 2h • Facile.

10 Château du Hohlandsbourg⁺⁺

Une belle aventure à rebrousse-temps dans le plus gros château fort d'Alsace ! Ceinte par une épaisse muraille rectangulaire de 60 m sur 100, la forteresse ruinée, construite par les Habsbourg au XIIIe s., domine toute la plaine. Le chemin de ronde ménage par beau temps des vues extraordinaires jusqu'à la cathédrale de Strasbourg. L'été offre le théâtre d'activités ludiques et culturelles : initiations à la vie de chevalier, jeux, duels, banquets médiévaux, concerts de musiques anciennes. Voir aussi la route des Cinq Châteaux, p. 160.

Wintzenheim* • *Route des Cinq Châteaux* • *03 89 30 10 20* • *chateau-hohlandsbourg.com* • *Juil.-août t.l.j. 10h-19h ; horaires variables le reste de l'année, voir site Internet* • *Entrée 7 € (9,50 € avec animation), gratuite - 6 ans, réduc. familles.

Restos | Bars | Hôtels | Shopping | Activités

Restos Bistrots

Hupsa Pfannala

Alsacien 17 Carte rabat arrière

La spécialité qui donne son nom à la maison est un plat montagnard roboratif à base de pommes de terre, oignons, lardons et fromage gratiné, proposé ici au munster, à la tomme du Ried ou de chèvre. Également à la carte, des tartes flambées et les grands classiques alsaciens.

Saint-Hippolyte* • *59, route du Vin* • *03 89 73 03 65* • *hupsapfannala.com* • *T.l.j. 11h30-14h et 15h30-20h30* • *Plats 8,50-23,50 €.

Se repérer

Chaque adresse est associée à une pastille de couleur numérotée :

- jaune pour les restaurants,
- violette pour les lieux de sortie,
- rose pour les boutiques.

Toutes les adresses sont positionnées sur les plans.

Auberge des Lavandières

Gourmet 18

Une adorable maison bleue à colombages du XVe s. et sa terrasse fleurie au bord du ruisseau, qui tient son nom de l'ancien lavoir voisin. Les produits frais de saison, cueillis dans le potager et le verger de la maison, s'invitent dans de belles assiettes créatives de viandes et poissons : poussin d'Alsace rôti, souris d'agneau façon tajine… et spécialités alsaciennes !

Bergheim* • *48, Grand-Rue* • *03 89 73 69 96* • *leslavandieres.fr* • *Mer.-dim. 12h-14h et 18h30-21h* • *Plats 8-17 €.

Restaurant du Mouton

Français 19

Sur une placette de la ville haute, où murmure une fontaine, un ancien relais de poste à colombages reconverti en restaurant cosy. Dans les casseroles mijote une bonne cuisine de marché au diapason des saisons. Spécialité de viandes maturées pour les carnivores.

***Ribeauvillé** • 5, pl. de la Sinne • 03 89 73 60 11 • hoteldumouton.fr • Jeu.-lun. 11h30-14h et 18h30-21h • Menus 29 €, 33 € et 42 €.*

Chez Suzel

Winstub 20

Tartes à l'oignon, tourtes, fleischnaka, spätzle, croustillant de munster, cuisse de lapin à la bière, tartes flambées (ven. soir)… Le terroir est à l'honneur dans cette winstub familiale qui propose des plats simples et copieux, arrosés comme il se doit des excellents vins de Hunawihr.

***Hunawihr** • 2, rue de l'Église • 03 89 73 30 85 • suzel-hunawihr.com • Mar.-sam. 12h-14h et 19h-21h, dim. 12h-14h • Menus 21-24 €.*

Auberge des Lavandières (Bergheim)

La Grappe d'Or

Winstub 21

À la table de Francis Becker, la tradition alsacienne est interprétée avec finesse et inventivité au gré des saisons. Un esprit qui se retrouve dans la déco où lampes, napperons, outils d'antan et poteries se marient au mobilier contemporain. La petite salle à l'étage, très basse de plafond, offre un recoin idéal pour un dîner les yeux dans les yeux.

***Riquewihr** • 1, rue des Écuries-Seigneuriales • 03 89 47 89 52 • restaurant-grappedor.com • 12h-13h et 18h30-19h45, f. mer. et ven. midi, jeu. toute la journée • Plats 17-22,50 €, menus 25,50 €, 30 € et 38,50 €.*

Côté Vigne

Cuisine moderne 22

Dans une maison à colombages du XVIe s., doux cocon tout en pierre et poutres apparentes, on se régale d'une très bonne cuisine du marché, goûteuse et soignée : ravioles d'escargot, tarte fine aux copeaux de foie gras, filet de canette et son jus de cassis, poitrine de cochon fondante…

***Kientzheim** • 30, Grand-Rue • 03 89 22 14 13 • cote-vigne.fr • Mar.-ven. 12h-13h30 et 19h-21h30, sam. 19h-21h30, dim. 12h-13h30 • Menu 35 €.*

Flamme & Co

Tarte flambée 23

Ce restaurant revisite la tarte flambée dans un cadre contemporain : au saumon mariné aux agrumes, au carpaccio de thon rouge, au jambon cru et parmesan ou façon veggie burger, avec steak de légumes et crème de soja… Pour les moins téméraires, il reste les flambées classiques !

Kaysersberg *• 4, rue du Général-de-Gaulle • 03 89 47 16 16 • flammeandco.fr • Ven.-mar. 12h-14h et 19h-22h • Tarte flambée 9,50-19 €.*

La Vieille Forge

Gastronomique 24

Après avoir fait ses armes au restaurant gastronomique du *Chambard* et dans la maison Troisgros, la jeune chef Laurine Gutleben a repris le restaurant familial. Avant même de succomber à sa cuisine de saison, à la fois créative et pleine de fraîcheur, ses assiettes à la présentation ultra-soignée sont un régal pour les yeux.

Kaysersberg *• 1, rue des Écoles • 03 89 47 17 51 • vieilleforge-kb.com • Mer.-dim. 12h-13h30 et 19h-20h30 • Plats 28-35 €.*

Aux Armes de France

Semi-gastronomique 25

Philippe Peuple a racheté la célèbre maison Gaertner qui fut, après guerre, l'une des plus grandes tables d'Alsace. Il propose une carte rajeunie, simplifiée et dans l'air du temps qui varie au fil de l'ardoise.

Ammerschwihr *• 1, Grand-Rue • 03 89 47 10 12 • auxarmesdefrance.com • Mer.-dim. 12h-14h et 19h-21h • Plats 25-38 €.*

Auberge du Brand

Créatif 26

Dans une belle maison à colombages, ce restaurant concocte une délicieuse cuisine de saison 100 % faite maison. Une réécriture créative des grands classiques alsaciens, une présentation raffinée et un service irréprochable sont les atouts de cette adresse à l'excellent rapport qualité-prix.

Turckheim *• 8, Grand-Rue • 03 89 27 06 10 • aubergedubrand.com • Mer.-sam. 12h-13h15 et 18h30-20h15 • Menus 28 et 48 €.*

VOIR AUSSI P. 123

Au Péché Mignon 27

Bars, clubs Sorties

Le Goupil

Vin 6 Carte rabat arrière

Voici LA bonne adresse de Ribeauvillé pour une halte apéro, un dîner ou un verre en soirée. Logé dans une bâtisse qui faisait office d'hôpital au XVIe s., ce chaleureux petit bar à vins propose un grand choix de crus français et alsaciens, avec un focus sur les vins bio, ainsi que des tartines, des planchettes, des tapas créatives et des petits plats préparés à la minute.

OÙ GOÛTER DU VIN ALSACIEN ?

Partez à la rencontre des vignerons indépendants, aux personnalités aussi variées que la palette des vins qui mûrissent dans leurs caves. Vous y dégusterez des Grands Crus remarquables dont les subtilités reflètent un réel amour du vin.

Domaine Albert Seltz

Albert Seltz vous accueille dans la superbe cave familiale où s'épanouit un fameux Grand Cru sylvaner Zotzenberg.

Voir p. 102, Mittelbergheim.

Domaine Beck-Hartweg

Dégustez un Grand Cru Frankstein chez Florian et Mathilde, jeune couple de vignerons bio dont le « cep » généalogique compte 16 générations !

Voir p. 102, Dambach-la-Ville.

Domaine Paul Blanck & Fils (Kientzheim)

Domaine Paul Blanck & Fils

Une passion familiale qui se raconte en vins de cépage ou de terroir, dont un sublime Grand Cru riesling Schlossberg.

Voir p. 131, Kientzheim.

Jean-Baptiste Adam

400 ans de savoir-faire dans la bouteille, des vignes en agriculture biologique et en biodynamie, et un fabuleux Kaefferkopf !

Voir p. 132, Ammerschwihr.

Domaine Gueth

La couleur dorée du Grand Cru Goldert illumine la cave moderne de Muriel Gueth, une vigneronne qui fait des merveilles.

Voir p. 158, Gueberschwihr.

Domaine Pierre Frick

Grands Crus Steinert, Vorbourg et Eichberg chez ce vigneron à l'avant-garde de la culture bio et membre du petit cercle des vignerons récoltants exclusifs.

Voir p. 159, Pfaffenheim.

Ribeauvillé *• 2, pl. de l'Ancien-Hôpital (en retrait du 43, Grand-Rue) • 03 89 78 81 23 • goupilbaravin.wordpress.com • Mer.-dim. 18h-minuit • 4-6 € le verre.*

Le Grognard

Rhum 7

Bar, brasserie et restaurant, c'est le point de chute favori des habitants pour se retrouver en soirée. La maison propose une carte de 130 rhums et cocktails que l'on sirote dans une ambiance décontractée. Côté cuisine, des burgers, *fish & chips*, salades et viandes ainsi que des suggestions différentes chaque semaine.

Riquewihr *• 12, rue des Écuries-Seigneuriales • 03 89 22 35 75 • facebook.com/legrognard • Mar.-dim. 17h30-minuit • Cocktail 7,50 €.*

Brasserie Bisaiguë

Bières artisanales 8

En plein cœur de Kaysersberg, Thibaut Ancel vous accueille dans son bar de dégustation ou en terrasse pour goûter ses bières non filtrées et non pasteurisées, brassées sur place et certifiées bio : une blonde, une blanche et une ambrée au miel de montagne auxquelles s'ajoutent des cuvées spéciales et éphémères, toutes réalisées à partir de houblon alsacien.

Kaysersberg *• 23, rue du Général-de-Gaulle • 06 17 31 03 48 • brasserie-bisaigue.business.site • Juil.-août, mar.-jeu. et dim. 16h-20h, ven.-sam. 16h-22h ; reste de l'année jeu.-dim. 16h-20h • 3,50 € le demi.*

Hôtels B&B

Vignoble Klur

Œnotourisme 1

Allier écologie, bien-être et œnologie, c'est la proposition originale de ce domaine, passé en culture biologique et biodynamique. Le principe : la location de gîtes construits en matériaux 100 % écolos au milieu des vignes, avec kitchenette pour préparer ses repas. Accès à une piscine naturelle, un sauna et des vélos ou tandems pour se balader sur la véloroute du Vignoble. Dégustation de vins du domaine et ateliers de découverte vigne et vins.

Katzenthal *(à 10 km de Colmar) • 105, rue des Trois-Épis • 03 89 80 94 29 • klur.net • À partir de 225 € les 3 nuits (2 pers.).*

Shopping Cadeaux

Manufacture de Beauvillé

Beau linge 11 Carte rabat arrière

Le must des nappes et du linge de maison ! Depuis 1838, la manufacture perpétue la tradition de l'impression sur étoffes à la main. À l'aide d'une racle, les artisans répandent la couleur dans un cadre autant de fois qu'il y a de couleurs dans le dessin. Fabriqués à base de fibres naturelles, les nappes, serviettes et torchons (autour de 20 €) rivalisent de douceur et de chatoiements.

Ribeauvillé • 19, route de Sainte-Marie-aux-Mines • 03 89 73 74 74 • beauville.com • Lun.-ven. 9h-11h45 et 14h-17h45, sam. 9h-17h45.

Féerie de Noël

Fêtes 12

Dans cette célèbre boutique de Riquewihr, c'est Noël toute l'année ! Accueilli par un immense casse-noisettes, on y déambule comme dans un étincelant village de Noël, avec ses maisons à colombages saupoudrées de neige et son grand sapin blanc. Guirlandes, boules multicolores, décorations en bois, petits pères Noël chargés de cadeaux, anges, crèches… le choix est étourdissant.

Riquewihr • 1, rue du Cerf • 03 89 47 94 02 • feeriedenoel.fr • Mi-fév.-juin et sept.-nov. t.l.j. 10h-12h30 et 13h45-18h (18h30 sept.-nov.), juil.-août t.l.j. 10h-18h45, déc. : t.l.j. 10h-19h.

Domaine Paul Blanck & Fils

Vins 13

Héritiers d'une longue génération de vignerons, Frédéric et Philippe Blanck veillent sur les 35 ha du vignoble familial, cultivé manuellement et réparti sur cinq Grands Crus : Schlossberg, Furstentum, Sommerberg, Wineck-Schlossberg, Mambourg. En découlent une belle palette de rieslings et un gewurztraminer Furstentum Vieilles Vignes raffiné.

Kientzheim • 32, Grand-Rue • 03 89 78 23 56 • blanck.com • Lun.-sam. 10h-12h et 14h-18h.

La Poterie de Kaysersberg

Artisanat 14

Vous cherchez un bon filon d'art traditionnel ? Cœurs alsaciens, moules à kouglof, plats, cruches, pots, objets décoratifs : parcourez du regard ces montagnes de poteries artisanales et laissez-vous entraîner dans un tourbillon de couleurs ! Implanté à Kaysersberg depuis 1984, Philippe Thomann s'est formé chez les meilleurs artisans de Betschdorf et Soufflenheim.

Kaysersberg • 3, rue des Forgerons • 03 89 72 87 40 • poteriekaysersberg.fr • Mar.-dim. 10h-12h et 14h-18h, f. mi-jan. - mi-fév.

La Poterie de Kaysersberg

Jean-Baptiste Adam

Vins 15

Dans cette maison fondée en 1614, on utilise encore des foudres centenaires, le vin est à la fois le produit de méthodes ancestrales élaborées par 14 générations de vignerons, de culture en biodynamie et des techniques les plus modernes de contrôle de la fermentation. Résultat : des vins d'exception comme le fabuleux riesling Grand Cru Kaefferkopf Vieilles Vignes. Visite des caves et dégustation gratuite.

***Ammerschwihr** • 5, rue de l'Aigle • 03 89 78 23 21 • jb-adam.com • Lun.-sam. 8h30-12h30 et 14h-18h (sam. à partir de 9h), dim. et j. f. 10h-12h30 et 14h30-18h ; f. dim du 1er jan. à Pâques.*

Maison Ferber - Au Relais des Trois-Épis

Confitures 16

Si vous passez à Niedermorschwihr, il y a des chances qu'on vous prenne les doigts dans le pot de confiture ! C'est dans une épicerie de ce tout petit village que Christine Ferber, la « fée des confitures », vend ses merveilles artisanales (8 €) cuites dans ses petites bassines en cuivre. On se les arrache de New York à Tokyo. Même Brad Pitt aurait poussé la porte de la maison Ferber… Les pâtisseries, chocolats et jolies poteries valent aussi le détour.

***Niedermorschwihr** • 18, rue des Trois-Épis • 03 89 27 05 69 • christineferber.com • Mar.-ven. 7h-12h30 et 14h-18h, sam. 7h-18h, dim. 8h-12h30.*

Magasin d'usine Staub

Cocottes 17

L'adresse préférée des chefs et des marmitons ! La célèbre usine Staub a été fondée à Turckheim en 1974 par le Colmarien Francis Staub. Vous y trouverez l'iconique cocotte alsacienne en fonte émaillée mais aussi des sauteuses, poêles, caquelons à fondue, plats en céramique au charme rétro. Bon plan : des produits de second choix à tarifs réduits et une grande braderie annuelle fin novembre.

***Turckheim** • 2, rue de l'Huilerie • 03 89 27 11 55 • staub-online.com • Lun.-sam. 10h-12h30 et 14h-18h30.*

Activités Détente

Fun Moving

En gyropode dans le vignoble

Fun Moving propose différents circuits à gyropode en montagne dans les Vosges, et dans le vignoble à la découverte des Grands Crus, avec visite de cave et dégustation en option : Grand Cru Schœnenbourg (Riquewihr-Hunawihr, 2h, 45 €/pers.), Grand Cru Schlossberg (Kaysersberg-Sigolsheim, 2h30, 69 €/pers.), Grand Cru Frankstein (Dambach-la-Ville - Scherwiller, 2h30, 69 €/pers.), etc.

06 22 92 85 23 • funmoving-gyropode-en-alsace.com • Toute l'année sur rés.

TOP DES SENTIERS VITICOLES

Florilège des plus beaux sentiers qui parcourent les vignes des Grands Crus. Bucoliques, émaillés de fleurs de vignes, ils sont jalonnés par des panneaux d'information sur le cépage et le travail du vigneron. Il en existe une cinquantaine.

Mittelbergheim

Il faut voir le soleil se lever sur les vignes du Zotzenberg et les maisons en calcaire de l'adorable Mittelbergheim.

Voir p. 95, De Marlenheim à Scherwiller.

Dambach-la-Ville

Crapahutez sur les coteaux et décrochez de magnifiques points de vue sur les toits rouges et le clocher de Dambach.

Voir p. 96, De Marlenheim à Scherwiller.

Sentier des Grands Crus « Les perles du vignoble »

Si vous ne deviez en parcourir qu'un ! Reliant six villages autour de Riquewihr, c'est l'un des plus beaux sentiers viticoles de France.

Voir p. 120, De Saint-Hippolyte à Turckheim.

Eguisheim

Cheminez dans un océan de vignes avec trois châteaux perchés pour point de repère.

Voir p. 150, D'Eguisheim à Thann.

Thann

Laissez-vous guider par le bangard dans le vignoble le plus pentu d'Alsace. Vertigineux !

Voir p. 155, D'Eguisheim à Thann.

Dambach-la-Ville

Chocolaterie Daniel Stoffel

Charlie et la chocolaterie dans les vignes

Découvrez la fabrique, assistez à des démonstrations et dégustez ! Chaque visite est suivie d'un mini-atelier où petits et grands peuvent créer et décorer leurs propres sucettes en chocolat. Côté boutique, vous aurez l'embarras du choix entre les tablettes, les ballotins, les chardons à la liqueur, les croquantines, les châtaignes (la spécialité phare !) et les collections artistiques.

Ribeauvillé *• Route de Guémar • 03 89 71 20 20 • daniel-stoffel.fr • Vis. gratuites et sans rés. à 11h, 15h et 17h • Mini-ateliers 5 € sans rés.*

Overfly

Survol des Vosges en parapente

Prenez de la hauteur et faites le plein de sensations en vous offrant un baptême de parapente en tandem avec Thierry Pacull, moniteur passionné depuis plus de 25 ans. Panorama sensationnel garanti sur le massif vosgien lors d'un vol de 35-45 min.

Guémar *(à 7 km de Ribeauvillé) • 44, route de Ribeauvillé • 06 08 17 28 81 • overfly.eu • Mars-nov. • Vol à partir de 89 €.*

Oudin Équitation

Trotter dans la montagne

Sur les hauteurs de Ribeauvillé, ce centre équestre propose des balades à cheval en montagne, accompagnées par des moniteurs diplômés d'État.

Les Vosges en parapente

Plus de 80 circuits pour enfants ou adultes, débutants ou confirmés, réalisables en toutes saisons : sabots dans la neige ou dans les feuilles d'automne, c'est à vous de choisir !

Aubure *(à 12 km de Ribeauvillé) • Chemin de la Ménère • 06 22 23 15 01 • oudin-equitation.fr • Toute l'année sur rés. • Balade 2h : 36 €.*

Riqu'Écotour

Virée dans les vignes en scooter... électrique !

Si vous n'êtes pas adepte du vélo, voilà une bonne alternative pour découvrir le vignoble de Riquewihr et ses environs en transport doux. Location libre (30 € pour 1h30, 50 € pour 3h) ou avec accompagnateur, pour se laisser conter l'histoire de la ville et des vins alsaciens (50 € pour 1h30, 70 € pour 3h).

Riquewihr *• 18, rue de la 1re-Armée • 07 67 46 30 12 • riquecotour.wixsite.com/riquecotour • T.l.j. 8h30-18h.*

RANDONNÉE DES TROIS CHÂTEAUX À RIBEAUVILLÉ

Du cœur de la jolie cité médiévale de Ribeauvillé, partez à l'assaut des châteaux ruinés des seigneurs de Ribeaupierre. Les trois sentinelles de grès rose, accrochées à la montagne depuis les Xe-XIIIe s., sont accessibles uniquement à pied par le fameux GR5. Une superbe grimpette entre vieilles pierres, vignes et forêt, récompensée de panoramas sublimes sur la ville, la plaine et les Vosges.

Remontez la Grand-Rue jusqu'à la place de la République, puis empruntez le passage Jeannelle à droite. Suivez le marquage rectangle rouge.

La montée, assez abrupte, débute dans les vignes et offre d'emblée un beau point de vue sur les remparts. Après 40 min de grimpette, vous atteignez le château Saint-Ulrich ou **Grand-Ribeaupierre** (520 m), le plus impressionnant des trois, puis le petit nid d'aigle du **Girsberg** campé sur un rocher.

Hissez-vous ensuite jusqu'au **Haut-Ribeaupierre** (640 m) en suivant le rectangle rouge. Le panorama englobe ici le Haut-Kœnigsbourg, Strasbourg, la Forêt-Noire et le Kaiserstuhl.

Deux options pour le retour à Ribeauvillé : redescendre par le même chemin ou terminer la boucle en forêt. Dans ce cas, continuez jusqu'aux Quatre Chênes, puis empruntez à droite le chemin forestier non balisé qui mène au col de la Renck, puis le sentier à gauche qui monte au **Schlüsselstein** (578 m), marqué de la croix bleue. Suivez ensuite le sentier balisé du triangle jaune jusqu'à Ribeauvillé.

INFORMATIONS PRATIQUES

- Temps de marche : 3h.
- Distance : 9 km.
- Difficulté : facile.
- Départ et arrivée : Ribeauvillé.
- Balisage : rectangle rouge (GR5), sans balisage sur le chemin forestier entre Quatre Chênes et Renck, croix bleue, triangle jaune.

COLMAR

9

La capitale des vins d'Alsace est un petit joyau architectural au charme fou. Avec ses opulentes demeures de marchands miraculeusement préservées, ses maisons de pêcheurs fleuries et ses canaux paisibles, la ville de Hansi et de Bartholdi réunit toutes les images de l'Alsace traditionnelle. Mais, admirée chaque année par des hordes de touristes, Colmar, vivante et accueillante, a d'autres pépites dans son sac : de beaux musées et des winstubs de haute volée.

Marché de Noël

Voir p. 89 • plan p. 138.

1 Musée Unterlinden+++

Un petit Louvre alsacien dont les collections (archéologie, arts ancien, décoratifs, moderne, contemporain) côtoient un chef-d'œuvre absolu de l'art occidental : le poignant retable d'Issenheim, de renommée mondiale. Doublé d'une aile contemporaine signée Herzog & De Meuron, l'ancien couvent des dominicaines d'Unterlinden (« sous les tilleuls ») recèle de véritables trésors !

Retable d'Issenheim+++

C'est dans la chapelle que ce monument de l'art rhénan dévoile ses huit panneaux peints par l'énigmatique **Matthias Grünewald** entre 1512 et 1516, une commande des antonins pour leur église d'Issenheim (25 km au sud). Ces religieux étaient voués au soin du « mal des ardents », causé par l'ergot de seigle dans l'alimentation qui avait des effets toxiques et hallucinogènes. D'où peut-être l'explosion de couleurs et les parties franchement fantastiques comme la *Tentation de saint Antoine*, peuplée de monstres dignes de bandes dessinées ?

Collections d'art ancien

Le magnifique **cloître gothique** en grès rose des Vosges (fin du XIIIe s.), l'un des plus aboutis d'Alsace, abrite un ensemble exceptionnel de peintures et de sculptures rhénanes médiévales et Renaissance. On s'émerveille devant les œuvres éclatantes du Colmarien Martin Schongauer et les peintures humanistes de Lucas Cranach ou de Hans Holbein. Voyez aussi les collections d'art populaire : chaises à dos sculpté, poêles en faïence…

Aile contemporaine (Ackerhof)

Entre l'ancien couvent et l'Ackerhof, une galerie souterraine nous entraîne vers la modernité avec un panorama de l'art du XIXe s. et du début du XXe s. (romantiques alsaciens). Puis, place aux XXe et XXIe s. : Dubuffet, Soulages, de Staël, Vasarely, Picasso… À voir, *Guernica* en version tapisserie par Jacqueline de La Baume-Dürrbach !

1, rue d'Unterlinden • 03 89 20 15 50 • museeunterlinden.com • T.l.j. sf mar. 9h-18h, jeu. jusqu'à 20h • Entrée 13 € (audioguide 2 €), gratuite - 12 ans.

2 Maison des Têtes**

Le splendide oriel (fenêtre en saillie) et le décor sculpté de cette demeure témoignent de la richesse de la bourgeoisie colmarienne du XVIIe s., fondée sur le négoce du vin. Une centaine de petites têtes sculptées fleurissent la façade de leurs grimaces amusantes.

19, rue des Têtes.

3 Village et musée Hansi*

Plongez dans l'Alsace de carte postale de Hansi (voir encadré p. 122), tricolore, pimpante et cocardière. Dessins d'enfance, souvenirs d'exil, aquarelles, eaux-fortes, affiches publicitaires,

Colmar pour les flemmards

Envie d'explorer les ruelles de la vieille ville sans vous fatiguer ? Option à l'ancienne et en petit comité (15 pers. maxi) à bord d'une calèche : balade de 30 min rythmée par le claquement des sabots sur le pavé.

Parvis du musée Unterlinden, selon météo • 03 89 41 52 43 • Mi-juin - sept. lun.-sam. 14h30-18h, dim. et j. f. 10h-12h et 14h30-18h, w.-e. de Pâques - mi-juin sam. et j. f. 14h30-18h, dim. 10h-12h30 et 14h30-18h • Départ toutes les 25 min • Tarif 6 €, gratuit - 4 ans.

Pour en voir un peu plus, le petit train blanc offre un parcours commenté de 7 km (40 min ; écouteurs).

Pl. des Martyrs-de-la-Résistance, face musée Unterlinden • petit-train-colmar.fr • Avr.-sept. t.l.j. 9h-18h, mars et oct.-nov. t.l.j. 10h-17h • Départ ttes les 30 min • Tarif 7 €, gratuit - 6 ans.

enseignes et produits dérivés témoignent des multiples talents de ce pionnier de la ligne claire (avant Hergé !). Prélude au petit musée, une place de village alsacien des années 1920 a été reconstituée.

28, rue des Têtes • 03 89 41 44 20 • hansi.fr • Lun. 12h-18h, mar.-dim. 10h-18h (18h30 j. f. et vac. scol.) • Entrée 5 €.

4 Église des Dominicains++

On s'y arrête pour admirer le chef-d'œuvre du peintre colmarien **Martin Schongauer**. Panneau en bois peint en 1473, *La Vierge au buisson de roses* est une pure merveille de délicatesse enchâssée dans un cadre richement orné d'entrelacs dorés et d'anges en bois sculpté polychrome. La Vierge à la chevelure ondulante et au teint laiteux, façon peinture flamande, trône devant un rosier pourpre en espalier où se cachent de petits oiseaux.

Pl. des Dominicains • Fin mars-fin déc. t.l.j. 10h-13h et 15h-18h • Entrée 2 €, gratuite Colmar City Pass.

Les Dominicains de Colmar✦✦✦

L'ancien couvent s'annonce comme l'un des grands pôles culturels de la ville. Autour du magnifique **cloître** du XIIIe s., la **bibliothèque** est riche de manuscrits médiévaux et d'inestimables incunables (la deuxième collection après la BNF de Paris). Un parcours muséographique interactif témoigne de l'histoire du livre et de l'image en Alsace du Moyen Âge au XVIIe s.

1, pl. des Martyrs-de-la-Résistance • 03 89 41 07 02 • dominicains.colmar.fr • Ouv. prévue fin 2021, rens. site Internet.

5 Collégiale Saint-Martin✦✦

Construite entre 1234 et 1365, elle est sans doute l'un des plus beaux monuments gothiques d'Alsace, tout en grès jaune surmonté d'un clocher à bulbe et couvert de tuiles vernissées. Les nombreux portails de la « cathédrale », comme on l'appelle ici, sont ornés de sculptures, dont certaines fort coquines.

Pl. de la Cathédrale • 03 89 41 27 20 • T.l.j. 8h-18h (sf pendant les offices) • Entrée libre.

6 Ancien corps de garde✦✦

Face à la collégiale, levez les yeux sur la loggia sculptée qui orne la façade de l'ancien corps de garde (XVIe s.) : un pur joyau de la Renaissance rhénane au décor foisonnant. Ne manquez pas de saluer une vieille dame à sa gauche : la **maison Adolph**,

Pause rétro : Au Croissant Doré

Derrière une jolie devanture Art nouveau qui détonne dans le quartier, ce petit salon de thé a conservé l'atmosphère des vieux cafés. Une halte sympathique pour un déjeuner sur le pouce ou un petit goûter à base de viennoiseries ou de pâtisseries.

6 Plan p. 138 • *28, rue des Marchands • 03 89 23 70 81 • Mar.-dim. 8h-18h30 • Plat 8,50 €.*

percée de fenêtres gothiques en ogives, l'une des plus anciennes demeures de la ville (vers 1350).

Pl. de la Cathédrale.

7 Rue des Marchands✦✦✦

Il faut se promener le nez en l'air dans cette rue grouillante d'animation, bordée de vieilles enseignes ravissantes et de splendides façades Renaissance. La statue d'un drapier barbu posée sur un poteau d'angle veille sur la vénérable maison à pans de bois **zum Kragen** (1609) au n° 9.

Maison Pfister✦✦✦

Juste à côté, la plus célèbre maison de Colmar accapare tous les regards avec sa tourelle d'escalier, son double oriel d'angle, sa galerie de bois où se répandent les géraniums, sa façade peinte de scènes bibliques et profanes. Construite en 1537 pour un chapelier fortuné de Besançon, elle constitue, malgré ses accents médiévaux, le premier exemple d'architecture Renaissance à Colmar.

En face, au tout début de la rue Schongauer, à droite, le plus vieil oriel de la ville (fenêtre en saillie) orne la maison gothique **huselin zum Swan** ou « petite maison au cygne » (XVe s.).

11, rue des Marchands.

Musée Bartholdi✦✦

Un passionnant petit musée aménagé dans la maison natale du plus célèbre des Colmariens, le sculpteur **Frédéric-Auguste Bartholdi** (1834-1904), créateur du *Lion* de Belfort et surtout de *La Liberté éclairant le monde* à New York. On peut y voir des esquisses et maquettes de ses principaux monuments, des peintures orientalistes, et toutes sortes de photos et documents relatifs à l'entreprise colossale qu'a été l'édification de Miss Liberty.

30, rue des Marchands • 03 89 41 90 60 • musee-bartholdi.com • Mars-déc., mer.-lun. 10h-12h et 14h-18h • Entrée 7 €, gratuite Colmar City Pass et - 12 ans.

Un selfie avec Miss Liberty

Depuis 2004, Colmar aussi a sa statue de la Liberté, une imposante reproduction de 12 m de haut érigée sur un rond-point de la Z.I. Nord en direction de Strasbourg, avec parking aménagé pour permettre aux amateurs de prendre des photos.

8 Koïfhus✦✦

Une magnifique balustrade Renaissance attire l'œil sur le plus bel édifice public de la ville. Achevée en 1480, l'ancienne **douane** a aussi accueilli pendant des siècles les représentants de la Décapole, l'alliance des dix villes libres d'Alsace.

En face, la **fontaine** est coiffée d'un bronze de Bartholdi qui représente Lazare de Schwendi brandissant un cep de vigne : ce chef de guerre parti combattre les Turcs en Hongrie en 1564 en aurait rapporté le cépage tokay *(fake news)*.

Pl. de l'Ancienne-Douane.

9 Place du Marché-aux-Fruits✦✦

Le **Conseil souverain d'Alsace** fit office de parlement régional jusqu'à la Révolution. Vous découvrirez son élégante façade néoclassique ainsi que le superbe pignon à volutes et à pinacles de la **maison Kern** (1594), percée d'arcades et de fenêtres à meneaux.

10 Saint-Matthieu✦✦

Vous longerez la **maison des Arcades** (11, Grand-Rue), écrin Renaissance de l'ancien presbytère protestant, pour atteindre l'ancienne église des franciscains, devenue protestante à la Réforme, puis pour moitié catholique jusqu'en 1936. Ce qui explique ses deux clochers ! Le temple, qui se distingue par un style gothique extrêmement sobre, abrite un instrument de concert très réputé, l'orgue Silbermann de 1732.

Grand-Rue • Mi-avr. - mi-juin et fin juil.-début oct. t.l.j. sf cultes et concerts 10h-12h et 15h-17h • Entrée libre.

11 Musée du Jouet✦✦

Une fabuleuse collection exposée dans un ancien cinéma : baigneurs, maisons de poupées, voitures, constructions en Lego, trains électriques filant dans un extraordinaire décor miniature, défilé de mode de Barbie et Ken depuis les années 1960… À voir sur l'ancienne scène, le carrosse de Cendrillon tiré par quatre chevaux, un automate présenté à l'Exposition universelle de Paris en 1937.

40, rue Vauban • 03 89 41 93 10 • museejouet.com • Juil.-août et déc. t.l.j. 10h-18h ; reste de l'année mer.-lun. 10h-17h • Entrée 6 €, gratuite Colmar City Pass et - 8 ans.

Marcher ou pédaler le long de la Lauch

Quand, le dimanche, les Colmariens veulent prendre l'air sans aller trop loin, ils se promènent à la sortie de la ville le long de la Lauch. Une balade à travers le quartier des maraîchers, que l'on peut poursuivre jusqu'au village voisin Herrlisheim-près-Colmar. L'occasion de jolies pauses gourmandes dans de charmantes guinguettes au bord de l'eau ou au cœur de la forêt.

Départ et arrivée : rue Serpentine (à l'ouest de la Petite Venise) • Facile.

12 Quartier des Tanneurs✦✦

Non loin du Koïfhus, l'ancien fief des tanneurs aligne de belles maisons à pans de bois des XVIIe et XVIIIe s., aux sobres façades blanches, dont les hauts greniers étaient dévolus au séchage des peaux.

Rue des Tanneurs.

13 Petite Venise✦✦✦

Préparez-vous à un gros coup de cœur ! Arrosé par la Lauch et par plusieurs petits canaux, le quartier iconique de Colmar, photogénique à souhait avec ses colombages du XVIe s., vous propulse dans l'Alsace éternelle. En été, attendez-vous à y croiser beaucoup de monde.

Quai de la Poissonnerie

Entre le pont des Tanneurs et le pont Saint-Pierre, d'irrésistibles maisons à colombages, éclaboussées de couleurs pastel et de géraniums, se succèdent dans l'ancien quartier des bateliers et des pêcheurs, qui se servaient du canal comme vivier. C'est de là que le vin d'Alsace partait vers toutes les cours d'Europe, où il s'était taillé une solide réputation dès le Moyen Âge. La Lauch se jetant dans l'Ill, qui elle-même rejoint le Rhin, elle était une voie de communication essentielle pour le commerce.

Pont sur la Lauch

Le petit pont Saint-Pierre, d'où partent les balades en barque

Petite Venise

(voir p. 145), livre la plus belle **vue** sur la ribambelle de maisons qui se reflètent dans l'eau. Il était autrefois muni d'une herse de péage, où les maraîchers devaient s'acquitter d'une taxe pour apporter leurs produits, dans leurs barques à fond plat, jusqu'à la halle du **marché couvert** (p. 145).

14 Musée d'Histoire naturelle et d'Ethnographie✦

Un charmant musée au fonds hétéroclite : minéraux précieux, fossiles d'animaux préhistoriques, momies égyptiennes et tissus coptes, une ménagerie empaillée et une collection d'objets ethnographiques, masques et statuettes d'Océanie.

Rue Turenne • 03 89 23 84 15 • museumcolmar.org • Mar.-ven. 9h-12h et 14h-17h, sam.-dim. 10h-12h et 14h-18h ; vac. scol. mar.-dim. 10h-13h et 14h-18h ; f. 24-31 déc. • Entrée 5,50 €, gratuite Colmar City Pass et - 7 ans.

Restos Bistrots

La Cocotte de Grand-Mère

« Bistrorant » (bistrot + restaurant) 1 Plan p. 138

On mitonne ici une cuisine du marché, avec une carte et un menu unique le midi façon bistrot et des suggestions à l'ardoise le soir. Rien que des produits frais et du fait maison ! Grand choix de vin au verre. Spécialités : foie gras de canard maison, pluma de porc ibérique.

14, pl. de l'École • 03 89 23 32 49 • lacocottedegrandmere.com • Lun.-ven. 12h-13h30 et 19h-20h45, sam. durant les marchés de Noël • F. 22 déc.-5 jan. et 2 sem. mi-août • Menu midi 19 €, plats le soir 22-25 €.

La Soï

Flammekueche 2

Une petite maison entièrement dédiée à la tarte flambée. Pour changer de la classique crème-oignons-lardons, on opte pour les flambées au munster ou au Ribeaupierre, la tomme d'Alsace, version ail des ours, ortie, cumin ou fenugrec.

17, rue des Marchands • 03 89 29 63 50 • lasoicolmar.fr • T.l.j. 12h-14h et 19h-22h • Tartes 8-10 €.

Le Caveau Saint-Pierre

Alsacien 3

Installé dans une maison qui borde la Lauch, ce restaurant au décor rustique propose toute la palette de la gastronomie alsacienne : jambonneau braisé, baeckeoffe et des choucroutes à la viande ou au poisson... Les végétariens y trouvent aussi leur compte grâce à une version sans lardons de la fameuse tarte flambée.

24, rue de la Herse • 03 89 41 99 33 • caveausaintpierre-colmar.fr • Jeu.-lun. 11h45-14h et 18h45-21h30 • Menus 25-32 €.

Le Meistermann

Brasserie 4

Cette enseigne Belle Époque, aux salles lambrissées et aux tables élégamment nappées de blanc, perpétue depuis 1880 une gastronomie locale à la fois rustique et raffinée avec une carte de saison : salade vigneronne, suprême de sandre au riesling, filet de dorade à la crème de potiron, joues de porc au pinot noir...

2A, av. de la République • 03 89 41 65 64 • meistermann.com • T.l.j. sf dim. soir, lun. et vac. scol. 12h-14h et 19h-22h • Plats 14-30 €.

Aux Amis de la Lauch

Guinguette 5

Située en dehors de la ville, c'est une des adresses préférées des Colmariens. On y sert une cuisine familiale généreuse et de qualité. En été, la terrasse en bord de rivière est un havre de fraîcheur et de calme.

80, chemin de la Lauch-Werb • 03 89 41 88 32 • Mer.-dim. 12h-13h30 et 19h-21h • Rés. recommandée • Plats 19-25 €.

VOIR AUSSI P. 139

Au Croissant Doré 6

Bars, clubs Sorties

L'Un des Sens

Bar à vins 1 Plan p. 138

Plus de 600 références de vins biodynamiques et nature en bouteille, une vingtaine de vins au verre, des planchettes de charcuterie tranchée sur place et de fromages du coin, de délicieuses tapas de légumes… un peu d'indécence ne fait pas de mal dans cette jolie maison alsacienne ! On s'installe chez Chantal et Annabelle autant pour l'ambiance chaleureuse que pour éveiller ses papilles.

18, rue Berthe-Molly • 03 89 24 04 37 • lun-des-sens.alsace • Mar.-sam. 17h-22h • Rés. conseillée • Vin au verre à partir de 4 €.

Les marchés de Noël de Colmar

Les cinq marchés de Noël ont chacun leur spécialité. Place des Dominicains, le plus ancien est consacré à la décoration des sapins et des tables de fête. Place Jeanne-d'Arc et place de la Cathédrale, les plaisirs de bouche. Place de l'Ancienne-Douane, autour et à l'intérieur du Koïfhus, l'artisanat d'art. Et à la Petite Venise, c'est le paradis des enfants avec manèges, barbe à papa et pères Noël.

noel-colmar.com • Du 1er dim. de l'Avent au 31 déc.

Café Rapp

Incontournable 2

Face aux jets d'eau de la place Rapp (les enfants en raffolent en été !), cette grande terrasse prisée des Colmariens distille une ambiance bien sympathique pour boire un verre en soirée autour d'une planche apéro (12 €). Concerts et retransmissions sportives dans la grande salle aérée, meublée façon récup'. Carte de burgers, woks et grillades si l'on souhaite s'attabler, brunch le dimanche.

1, pl. Rapp • 03 89 23 35 77 • caferapp.com • Mar.-sam. 10h-22h30, dim. 10h-18h.

Shopping Cadeaux

La Sommelière

Caviste 1 Plan p. 138

À l'ombre de la collégiale, la belle cave d'Anne-Marie Tempé se remplit au gré de ses coups de cœur. Parmi les vins alsaciens, on trouve entre autres les productions de son époux Marc Tempé, vigneron à Zellenberg. Également des liqueurs, eaux-de-vie et whiskies d'Alsace.

19, pl. de la Cathédrale • 03 89 41 20 38 • lasommeliere.fr • Lun. 14h-18h30, mar.-ven. 10h-12h et 14h-18h30, sam. 10h-13h et 14h-18h.

Avenue d'Alsace

Textiles 2

De la création textile 100 % alsacienne ! Dans sa jolie boutique, Caroline Lux propose du linge de maison, des tee-shirts, de la petite décoration et des accessoires du quotidien dans l'air du temps, inspirés de la nature, de la gastronomie et des arts populaires alsaciens : torchons, nappes, tabliers, bavoirs, sacs à goûter, trousses, cœurs alsaciens (à partir de 7,50 €), sacs imprimés…

41, Grand-Rue • 06 81 08 70 13 • avenuedalsace.com • Lun.-ven. 14h-19h, sam. 10h30-13h et 14h-19h.

Marché couvert

Gourmandises 3

Bâtie au bord de la Lauch afin de favoriser l'accès en barque des maraîchers, la superbe halle en briques à charpente métallique (1865) met sous cloche le nec plus ultra de la production locale : fruits, charcuteries, fromages, pains, bretzels… tout ce qu'il faut pour un somptueux pique-nique. À l'angle sud-ouest de la halle, coup d'œil à la statue du *Petit Vigneron*, copie d'un bronze de Bartholdi.

13, rue des Écoles (à l'entrée de la Petite Venise) • 03 89 41 51 85 • marche-couvert-colmar.fr • Mar.-sam. 8h-18h (19h ven., 17h sam.), dim. 10h-14h.

Activités Détente

Colmar au fil de l'eau

En barque dans la Petite Venise

Laissez-vous glisser sur les eaux paisibles de la Lauch à bord d'une barque traditionnelle à fond plat. Une autre perspective sur la Petite Venise, ses façades multicolores et ses canaux verdoyants !

10, rue de la Herse • 03 89 41 01 94 • barques-colmar.fr • Fév.-déc. t.l.j. 9h45-

Mettre la main à la pâte avec un as de la pâtisserie

Vous avez fondu pour les divines pâtisseries et les chocolats exquis de Thierry Mulhaupt (voir p. 36) ? Le temps d'un après-midi, réalisez des recettes comme un vrai pro au labo du « maestro » et repartez avec votre création : macarons, pâte à croissant, tarte aux fruits, bûche, galette… selon la saison !

***Labos de Thierry Mulhaupt** : 6, pl. de l'École • mulhaupt.fr (calendrier et rés.) • Cours 70 € – **Mundolsheim** (au nord de Strasbourg) : 3, rue Thomas-Edison.*

11h45 et 13h45-18h45 • Départs toutes les 15 min au bas du pont Saint-Pierre • Vis. commentée (25 min) 7 €, gratuite - 10 ans.

Base nautique de Colmar-Houssen

Beach-volley à Colmar Plage

Sortez les tongs, le Bikini, le parasol ! Au nord de Colmar, l'ancienne gravière de Houssen a été réaménagée en lieu de baignade (surveillée) et déroule 400 m de plage pour plonger ses orteils dans le sable fin. Aires de jeux, terrains de beach-volley, pétanque… pour passer un bon moment en famille ou entre amis dans une ambiance balnéaire.

37, rue Denis-Papin, Z.I. Nord • Accès en bus TRACE, ligne 2 ou C (dim. et j. f.) • 03 89 21 97 60 • Juin t.l.j. 13h-19h, juil.-août t.l.j. 10h-19h (20h ven.) • Entrée 4 € (5,50 € avec ticket de bus AR), gratuite - 6 ans.

L'Alsaciette

Boire sans conduire

Partez pour une escapade gourmande à bord d'un minibus, à la rencontre des restaurateurs, vignerons et producteurs locaux. Agnès et Arnaud vous font découvrir leurs adresses coups de cœur au fil de différents circuits dont un Food & Wine Tour sur la route des vins : dégustation des différents cépages, tarte flambée et autres spécialités alsaciennes au menu d'une journée follement gourmande !

18, rue du Cardinal-Mercier • 07 71 74 45 80 et 06 08 32 41 77 • alsaciette.com • Food & Wine Tour en 7 étapes (9h-18h30) 160 €.

Aérovision

Au-dessus des vignes en ballon

Envolez-vous à l'aube et laissez-vous glisser au gré des vents le long des vignobles et de la ligne bleue des Vosges jusqu'à la plaine du Rhin. En altitude, on s'offre même d'étonnants coups d'œil sur les Alpes ! Les vols en montgolfière « Découverte de l'Alsace » se pratiquent toute l'année sous réserve de bonnes conditions météorologiques. Décollages dans les environs, vallées de Munster, de Kaysersberg ou d'Orbey.

34, chemin de la Speck • 03 89 77 22 81 • aerovision.aero • Vol découverte 280 €/ pers. (3 ou 4 pers. minimum).

Alsa Cyclo Tours

Colmar et le vignoble à vélo

Au guidon de votre vélo électrique, partez à la découverte du vieux Colmar (2h30) et des ravissants villages d'Eguisheim, de Wettolsheim, de Wintzenheim, et goûtez au bonheur d'une immersion dans les vignes (parcours à la journée) ! Une échappée sur des chemins au bord de l'eau et des voies rurales, rythmée par des anecdotes sur la région que distille un guide passionné. Certains tours comprennent une dégustation de vins chez un viticulteur local et un repas alsacien.

Agence basée à Eguisheim (voir p. 159) • 03 69 45 92 70 • alsacyclotours.alsace.

TOP DU MADE IN ALSACE

Tissus paysans, poteries et gourmandises illustrent la facette joyeuse de l'identité alsacienne. Quand la jeune génération stimule la créativité du terroir avec des objets dans l'air du temps.

Poterie d'Alsace

Du bol au moule à kouglof, l'adresse pour cueillir les adorables poteries à pois de Soufflenheim.

Voir p. 35, Strasbourg (Grande Île).

Pain d'épice Mireille Oster

Vous entrez chez la reine du pain d'épice et vous en ressortez les bras encombrés de douceurs : incontournable !

Voir p. 49, Strasbourg (Petite France).

Poterie d'Alsace (Strasbourg)

Le Générateur

Céramiques, bijoux, illustrations, art textile… les créations originales de jeunes designers alsaciens.

Voir p. 60, Strasbourg (Krutenau).

Chaussettes Labonal

Faites le plein pour l'hiver dans le magasin d'usine de la légendaire Bonneterie alsacienne.

Voir p. 102, Dambach-la-Ville.

Maison Ferber

La boutique de la fée alsacienne des confitures recèle aussi d'irrésistibles poteries locales.

Voir p. 132, Niedermorschwihr.

Magasin d'usine Staub

Traditionnelle et high-tech, la cocotte en fonte émaillée est devenue l'outil culte des stars mondiales de la gastronomie.

Voir p. 132, Turckheim.

Avenue d'Alsace

Du linge de maison au *tote bag*, cette jeune créatrice textile puise son inspiration dans les arts populaires alsaciens.

Voir p. 145, Colmar.

LA MAGIE DE NOËL

Pendant le mois précédant la Nativité, les places se couvrent de petits chalets scintillants, de décorations multicolores et de mille lumières. Féeriques, les marchés de Noël regorgent de friandises et de produits artisanaux pour remplir sa hotte de cadeaux. Bercé par les chants traditionnels, on s'y réchauffe d'un vin chaud, on y respire de délicieux parfums : un moment magique pour découvrir l'Alsace !

Saint Nicolas, Hans Trapp et *Christkindel*

Ce sont les trois protagonistes du *Wiahnachta* (Noël) alsacien. Ancêtre du père Noël moderne, **saint Nicolas**, fêté le 6 décembre, distribue friandises et cadeaux aux enfants sages depuis le XIIe s. C'est pour lutter contre les dérives idolâtres des catholiques que les protestants introduisent au XVIe s. la figure du ***Christkindel*** (l'Enfant Jésus). Au XIXe s., ce dernier prend l'apparence d'une fée blanche, qui distribue les cadeaux, accompagnée d'un père Fouettard baptisé ***Hans Trapp***.

Mon beau sapin

Autre figure alsacienne : le sapin de Noël, apparu à Sélestat en 1521, certificat de naissance à l'appui ! On l'a trouvé dans un livre exposé à la Bibliothèque humaniste de la ville. Il fallut bien ensuite décorer ce sapin. On commença, selon la légende, par de jolies pommes rouges. Puis, au XIXe s., au cours d'un hiver particulièrement rude pour la nature, les souffleurs de Meisenthal (Moselle) les remplacèrent par des fruits en verre : la boule de Noël était née !

Le *Christkindelsmärik*

L'Alsace n'a peut-être pas inventé Noël mais c'est tout comme. Né au XVIe s., le ***Christkindelsmärik*** (« marché de l'Enfant Jésus ») est devenu l'attraction numéro un de la capitale alsacienne. Sous sa forme actuelle – les kilomètres de guirlandes et de stands, les hectolitres de vin chaud et l'immense sapin –, c'est une pure création d'un élu municipal, Jean-Jacques Gsell, à la fin des années 1980, s'inspirant du vrai vieux marché de Nuremberg en Allemagne.

La sauce a pris au point que le marché de Noël de Strasbourg s'exporte de New York à Tokyo ! Surtout, il a fait des petits, dans toutes les villes d'Alsace.

Des trésors dans les chalets

Les étals colorés débordent de jouets en bois peint, de crèches, de santons. On y déniche de magnifiques boules de verre soufflé et l'*Adventskranz*, la couronne de l'Avent.

Alléché par les effluves de cannelle et de marrons chauds, on ne tarde pas à succomber aux multiples gourmandises : pains d'épice, foie gras, tartes flambées, vin chaud (miel, agrumes, épices), bière de Noël aux agrumes (qui remonterait à Charlemagne !), mannala (bonhomme en brioche)… sans oublier les incontournables wihnachtsbredele, petits gâteaux aux formes et aux parfums variés. ■

Les plus beaux marchés de Noël

Si Strasbourg est le plus grandiose, avec sa douzaine de marchés, ses montagnes de tentations et son ambiance festive, on aimera aussi l'authenticité de celui de Kaysersberg, un marché féerique considéré par les amateurs comme le plus beau de la région, avec mise en lumière de toute la ville. À Colmar, entre le Koïfhus et la Petite Venise, les chalets s'offrent un décor de choix. Ribeauvillé se la joue médiéval : dans la cité des ménétriers, gueux, danseurs et baladins font partie de la fête, le sanglier cuit à la broche, la cervoise coule à flots ! Quant à celui de Sélestat, berceau historique du sapin de Noël, il ne manque pas de piquant avec ses animations originales… autour du sapin !

D'EGUISHEIM À THANN

10

Moins fréquenté, ce tronçon de la route des vins abrite de vraies pépites, à commencer par le village d'Eguisheim, adorable à vous en faire perdre le nord. Arpentez les ruelles médiévales de Gueberschwihr, plongez dans la riche histoire de Rouffach (ses cigognes et ses sorcières), prenez de la hauteur à Thann, où une grandiose collégiale vous en mettra plein les yeux. Séquences émotion sur un champ de bataille de la Grande Guerre ou devant l'abbaye de Murbach font partie du programme. Et surtout, deux musts absolus : l'écomusée d'Alsace et le parc de Wesserling.

Eguisheim

Voir plan sur le rabat arrière.

1 Eguisheim✦✦✦

Une ville magnifiquement silencieuse, où le temps s'est arrêté, enroulée en cercles concentriques autour de son château et de l'insolite chapelle Saint-Léon (le pape Léon IX est né à Eguisheim !). On se perd avec délice dans les ruelles de cette cité médiévale, festival de balcons fleuris, de maisons en grès et à colombages. Le bourg est dominé par les ruines insolites de trois donjons des XIe et XIIe s. Considérés comme l'un des berceaux du vignoble alsacien, ses coteaux de l'**Eichberg** et du **Pfersigberg** ont été classés Grands Crus. Une trentaine de producteurs vous ouvrent leurs caves.

Sentier viticole (Eichberg et Pfersigberg)

Ce parcours, très bien fléché et enrichi d'informations sur le travail de la vigne aux différentes saisons, mène sur les coteaux des Grands Crus Eichberg et Pfersigberg. Vue exceptionnelle sur les toits pointus d'Eguisheim et les Trois Châteaux.

*Départ et arrivée : camping d'Eguisheim • 4 km • 2h • Facile – **Balade commentée** de mi-juin à mi-sept. sam. à 15h30 (également le mar. en août) par un viticulteur d'Eguisheim, suivie d'une dégustation ; rens. à l'OT (voir p. 88).*

2 Gueberschwihr✦

On ne s'arrête pas à Gueberschwihr uniquement pour son Grand Cru **Goldert**, à l'excellente réputation. Il suffit de lever les yeux : son **clocher** roman en grès rose, haut de 36 m et percé de fenêtres géminées, est l'un des plus beaux d'Alsace… et le seul vestige de l'église Saint-Pantaléon (XIIe s.), remplacée au XIXe s. par un édifice néoroman. Les ruelles pavées réservent aussi de belles découvertes avec un ensemble de maisons vigneronnes flanquées de vieilles enseignes, de caves et de cours intérieures.

3 Rouffach✦✦

On ne compte plus les cigognes qui y ont fait leur nid ! Il faut dire que la vieille ville, à l'écart des sentiers battus, jouit d'un calme appréciable. La Renaissance rhénane a imprimé sa marque sur les somptueux bâtiments de l'hôtel de ville et de l'ancienne halle aux blés. Autres points forts, la tour des Sorcières (XIIIe s.), vestige des remparts qui servit de prison, et l'église **Notre-Dame-de-l'Assomption**, un joyau de l'art roman ogival qui abrite dans son chœur deux très beaux visages sculptés d'un garçon et d'une fille, connus sous le nom « Sourire de Rouffach ».

Musée du Bailliage✦

Le riche passé de Rouffach vaut bien un petit tour au musée, dans l'ancienne **halle aux blés**. On y apprend que, pendant la période mérovingienne, la ville fut offerte par Dagobert II à l'évêque de Strasbourg, en remerciement de la guérison de son fils Sigebert, que les chevaliers teutoniques y installèrent leur commanderie d'Alsace-Bourgogne et que l'école

Route de l'eau

La route des vins recoupe celle des eaux d'Alsace. Carola à Ribeauvillé, Wattwiller à… Wattwiller. Pour mettre un peu d'eau dans son vin, direction Soultzmatt, où l'ancienne halle d'embouteillage des eaux Lisbeth et Nessel, un beau bâtiment industriel du milieu du XIXe s., abrite un centre d'interprétation de l'eau. Un musée pédagogique qui permet de comprendre la géologie particulière de ce bout d'Alsace, l'histoire de ses eaux avec, bien entendu, la possibilité de les goûter.

Soultzmatt (à 5 km de Rouffach) • Espace des Sources, av. Nessel • 03 89 86 06 41 • espacedessources.wordpress.com • Avr.-oct. mar.-jeu. 15h30-17h30 • Gratuit.

latine du couvent des Récollets jouissait d'une grande notoriété.

6b, pl. de la République • 03 89 78 03 00 • ville-rouffach.fr • Mi-juil. - mi-sept. sam.-dim. 14h-18h • Entrée libre.

4 Guebwiller✦✦

Son vignoble à flanc de montagne donne le vertige ! C'est l'un des plus prestigieux d'Alsace et le seul à compter quatre Grands Crus classés sur son territoire : Spiegel, Kessler, Kitterlé et Saering. Nichée au creux de la vallée du Florival, l'ancienne capitale administrative de la puissante abbaye de Murbach devint après la Révolution le second pôle industriel du Haut-Rhin.

Il faut voir l'**église Saint-Léger**, en grès rose, qui compile en un seul monument toutes les variations de l'art roman, l'imposante église néoclassique Notre-Dame et les villas Art nouveau héritées des capitaines de l'industrie textile.

Musée Théodore-Deck et des Pays du Florival✦✦

Guebwiller est la patrie du céramiste **Théodore Deck** (1823-1891), découvreur d'un émail bleu turquoise d'une profondeur incroyable auquel il a donné son nom. Le musée présente la plus importante collection de ses œuvres : plats, vases, faïences décoratives aux motifs Art nouveau colorés. Et un ensemble exceptionnel de sculptures du fameux bleu Deck, où vous reconnaîtrez le chat égyptien.

1, rue du 4-Février • 03 89 74 22 89 • Mer.-dim. 14h-18h (20h le 1er ven. du mois) • Entrée 5 €.

5 Abbaye de Murbach✦✦

À la sortie de Guebwiller (direction Buhl), l'église de l'abbaye dresse ses hautes tours de grès rose et une façade somptueuse de sobriété au fond d'un ravissant vallon verdoyant. Hélas, de la merveille romane du XIIe s. ne restent que le chevet et le transept. Abattue au XVIIIe s., la nef ne fut jamais reconstruite faute de fonds.

Pour vous consoler, grimpez jusqu'à la chapelle baroque **Notre-Dame-de-Lorette** (10 min à pied), une de ces répliques de la Santa

Pause sucrée : La Panetière

Situé en face du parvis de Saint-Léger, ce salon de thé offre un point de vue imprenable sur l'église romane et permet d'en admirer la façade dans tous ses détails. Surtout en été lorsque la terrasse est sortie. La maison propose de nombreuses pâtisseries, viennoiseries, chocolats, glaces et boissons.

34 Carte rabat arrière • ***Guebwiller*** • *155, rue de la République • 03 89 76 13 51 • Lun.-sam. 8h-19h.*

Abbaye de Murbach

Casa de Loreto en Italie : vous ne serez pas déçu par la vue...

6 Écomusée d'Alsace+++

Merveilleux condensé de l'Alsace traditionnelle, ce village créé de toutes pièces en 1980 offre une balade instructive et bucolique entre toits de chaume et façades badigeonnées de chaux. Le plus grand écomusée de France n'aurait jamais vu le jour sans la passion d'un groupe de bénévoles qui s'acharna dans les années 1970 à sauver des joyaux de l'architecture rurale promis à la démolition.

Poutre par poutre

Maisons à colombages, fermes, chapelle, scierie, moulin, école, ponts, lavoirs... Plus de 70 constructions authentiques (la plus vieille remonte à 1492 !), démontées pièce par pièce aux quatre coins de l'Alsace, ont été rebâties à l'identique sur le site. Les intérieurs ont été soigneusement reconstitués avec meubles et objets d'époque : poêles, photos de mariage, armoires polychromes... Les fantômes des habitants semblent hanter les lieux !

La vie d'un village en 1930

Sabotier, forgeron, boulanger, tonnelier... Dans leurs ateliers, des artisans en costume font revivre les métiers d'autrefois avec des machines et des outils hors d'âge. Les vieux godillots s'entassent chez le cordonnier et de drôles de machines rutilent chez le coiffeur. Vous croiserez des villageois, voguerez sur les eaux avec un pêcheur, récolterez des bons points auprès de l'institutrice, visiterez étables et bergeries.

Le **musée André-Bindler** vous plonge dans l'univers insolite et naïf de cet ancien ouvrier du textile : maquettes multicolores d'églises et de monuments célèbres, sculptures d'animaux… Vous dénicherez magazines et journaux anciens dans la **gare** et remplirez votre panier de poteries et délices traditionnels à l'*Échoppe de Suzel.*

***Ungersheim** • Chemin du Grosswald • 03 89 74 44 74 • ecomusee-alsace.fr • Avr.-début jan. mar.-dim. 11h-18h (19h en juil.-sept.) ; f. en nov. • Entrée 15 €, courte vis. (après 16h30) 7,50 €, billet familles.*

7 Parc du Petit Prince✦

Dans le paysage quasi lunaire d'un ancien site minier, ce **parc d'attractions** vous téléporte sur la planète du jeune héros aux cheveux blonds de Saint-Exupéry. Au programme : montagnes russes, chaises volantes, trampolines, projections en 3D, manips ludiques et miniferme peuplée par les animaux du conte (renards, moutons, boas).

D'énormes ballons gonflés à l'hélium propulsent les visiteurs à 150 m d'altitude, et un aérobar permet de siroter un verre, les pieds dans le vide à 35 m de hauteur.

***Ungersheim** • 03 89 62 43 00 • parcdupetitprince.com • Juil.-août t.l.j. 10h-18h, fin mars-juin et sept.-nov. 10h-17h (j. de fermeture variables) • Entrée 21 €, gratuite - 3 ans, billet familles.*

8 Centre d'art contemporain de Wattwiller✦✦

Ce centre d'art très original, installé dans l'ancien atelier des sources thermales, est entièrement consacré à la thématique de l'eau, quelles que soient les techniques utilisées par les artistes. On peut y voir les œuvres de jeunes talents aussi bien que des expositions temporaires d'artistes confirmés.

27, rue de la 1re-Armée • 03 89 82 10 10 • fondationfrancoisschneider.org • Mer.-dim. 11h-18h (17h oct.-fév.), f. jan.-fév. et 3 à 4 sem. pendant le montage des expos • Entrée 5 €.

9 Hartmannswillerkopf✦

Haut lieu du souvenir de la Grande Guerre, cet éperon rocheux fut baptisé par les poilus « le Vieil Armand » ou « la mangeuse d'hommes ». Un véritable carnage : les sept journées les plus meurtrières de l'année 1915 ont fait à elles seules 25 000 morts !

Le site comprend les vestiges du champ de bataille (parcours de 4,5 km entre tranchées, fortifications, abris et casemates), le monument national, la crypte, la nécropole et l'Historial franco-allemand (exposition sur la Première Guerre mondiale).

***Wattwiller** • Col du Silberloch, route des Crêtes • 09 71 00 88 77 • memorial-hwk.eu • F. du 11 nov. à début avr. – **Historial :** mar.-dim. 10h-17h – **Crypte :** mar.-dim. 10h-12h30 et 13h30-16h45 – **Champ de bataille :** accès libre (prévoir chaussures adaptées et rester sur les sentiers balisés).*

Thann : l'Œil de la sorcière

⑩ Thann**

Un vertigineux point final à la route des vins ! Baignée par la Thur qui dévale des Vosges, Thann est nichée au pied du **Rangen**, le Grand Cru le plus méridional et le plus pentu d'Alsace. Éblouissante dentelle de pierre, sa **collégiale Saint-Thiébaut** (fin XIIIe-XVIe s.), joyau du gothique flamboyant rhénan, attire chaque année des milliers de visiteurs venus admirer son incroyable portail sculpté de plus de 500 personnages retraçant les scènes de la Bible.

Œil de la sorcière*

L'autre curiosité de Thann domine la ville. Il s'agit en fait d'un tronçon de la tour de l'ancien **château d'Engelbourg** (XIIIe s.), qui a basculé et s'est immobilisé sur la tranche, formant un gigantesque anneau de pierre. Un sentier balisé mène à ce monument insolite, d'où l'on a une vue exceptionnelle sur Thann et son vignoble.

1h AR • Plan à l'OT *(voir p. 88).*

Sentier viticole (Rangen)

C'est la figure du « bangard », gardien traditionnel de la vigne, qui sert de fil conducteur à ce parcours à travers le Grand Cru du Rangen. Des panneaux expliquent l'historique de ce vignoble très pentu, unique terroir volcanique d'Alsace, et son environnement. Les vendanges donnent lieu à un spectacle particulier où l'on se harnache de baudriers et de cordes pour récolter le raisin.

Départ et arrivée pl. du Bungert, derrière la collégiale • 2h30 (1h parcours réduit) • Facile.

⑪ Parc de Wesserling - Écomusée textile***

Fan de friches industrielles, de mode ou de jardins féeriques ? Ici, il y en a pour tous les goûts ! Wesserling fut l'une des plus importantes manufactures royales d'indiennes (étoffes imprimées) au XVIIIe s. avant de devenir un géant de l'industrie textile au XIXe s. Ayant bénéficié d'une reconversion intelligente, elle abrite musée, ateliers d'artisans, boutiques de créateurs, halle de produits fermiers et jardins remarquables.

Cité-usine à la campagne

Devant vos yeux, une véritable anthologie des bâtiments de l'industrie textile : manufacture des années 1770, fabriques du XIXe s., usines du XXe s., château des patrons, maisons de maître, temple, ferme, sans oublier la **Grande Chaufferie**, écrin spectaculaire d'expos d'art contemporain (vis. guidée à 15h). Le tout à découvrir au fil du sentier patrimonial long de 2 km.

Musée textile

Dans un bâtiment d'impression à la planche du XIXe s., il retrace la fabuleuse épopée de l'ancienne manufacture. Des démonstrations en costume (mer., dim. et j. f. à 16h) font revivre les métiers de fileuse, tisserand, dessinateur, graveur, imprimeur… À voir aussi, la belle collection de costumes anciens et les expositions temporaires dédiées à la création textile contemporaine et internationale.

Jardins extraordinaires

Le parc de 42 ha déroule cinq jardins somptueux créés pour inspirer les dessinateurs : terrasses méditerranéennes, jardin à la française, parc à l'anglaise, parc rural et potager écologique aux motifs textiles. Un sentier pieds nus et sensoriel complète ces jardins à vivre. De juillet à septembre, des jardins éphémères insolites fleurissent sous les mains vertes d'artistes du monde entier lors du Festival des jardins métissés. En décembre, balades contées et illuminations sont au programme de Noël au jardin.

Husseren-Wesserling *• Accès RN 66 par Thann, direction Épinal • 03 89 38 28 08 • parc-wesserling.fr • Avr.-déb. juin lun.-sam. 13h-18h, dim. 10h-18h ; déb. juin - mi-oct. t.l.j. 10h-18h (18h30 juil.-août) ; mi-oct. - déc. Musée textile uniquement t.l.j. 13h-17h • Nocturnes en août dans les jardins et en déc. les soirs de Noël au jardin (balades contées et illuminations) • Entrée 10 € (7 € en basse saison), pass famille.*

Restos | Bars | Hôtels | Shopping | Activités

Restos Bistrots

Le Caveau des Douceurs

Gourmand 28 Carte rabat arrière

À l'écart des ruelles bondées d'Eguisheim, une jolie adresse tenue par un jeune couple d'Alsaciens plein de peps. La carte est simple et volontairement restreinte mais follement gourmande : munster pané, foie gras maison, bœuf gros sel, filet de sandre sur choucroute, vacherin glacé… On se régale !

Eguisheim *• 6, rue du Château • 03 89 23 10 01 • T.l.j. sf dim. soir et lun. 11h30-15h et 18h30-21h • Plats 18-24 €.*

L'Auberge Alsacienne

Alsacien contemporain 29

Logée dans une belle bâtisse à colombages du XVIe s., une bonne table au décor contemporain et à l'ambiance feutrée, escortée d'une carte alsacienne mariant tradition et modernité. Au menu, sauté d'escargots et lardons, cocotte de munster, pot-au-feu de cabillaud, baeckeoffe du chef... La carte des vins met à l'honneur les Grands Crus d'Eguisheim.

Eguisheim* • *12, Grand-Rue • 03 89 41 50 20 • https://auberge-alsacienne.net • Mer.-sam. 12h-14h et 19h-21h, dim. 12h-14h • Plats 20-22,50 €, menus 21 € et 37 €.

La Taverne Médiévale

Alsacien 30

Un authentique caveau de vigneron du XVIIe s. où l'on sert une généreuse cuisine de tradition : croustillant de munster au miel, cuisses de grenouille poêlées, choucroute, filet de bœuf au foie gras (maison), kouglof glacé au marc de gewurztraminer... Et, dans les verres, des vins du village bien sûr !

Gueberschwihr* • *11, rue Haute • 03 89 49 20 79 • taverne-medievale.com • Jeu.-lun. 12h-13h30 et 19h-21h • Plats 16,50-28 €.

Restaurant Bohrer

Gastronomique 31

Dans le décor raffiné d'une auberge de village, le chef Sébastien Sattler, ancien élève du chef colmarien Jean-Yves Schillinger, propose des plats créatifs mais sans excès ni forfanterie, préparés avec des produits du terroir ; le tout pouvant se déguster en terrasse à la belle saison.

Rouffach* • *1, rue Poincaré • 03 89 49 65 61 • https://domainederouffach.com • Mar.-

L'Auberge Alsacienne (Eguisheim)

sam. sf mer. midi 12h-13h30 et 19h-21h30 • Menus 25 €, 49 €, 75 € et 99 €.

La Taverne du Vigneron

Winstub 32

À l'ombre de l'église Saint-Léger, une sympathique et bruyante petite taverne où l'on se laisse tenter par les exquises carpes frites, spécialité du Sundgau, ou une succulente fondue vigneronne. Gare aux petits appétits, les assiettes sont bien remplies !

Guebwiller* • *7, pl. Saint-Léger • 03 89 76 81 89 • Mar. 11h-13h45, jeu.-sam. 11h-22h30 • Menu du jour 9,50 €, menu à 27 €.

Le Bloom

Alsacien 33

D'abord il y a l'accueil charmant de Monica Carronda. Puis, aux fourneaux, Sandra Blaudez revisite avec une touche de fantaisie la cuisine régionale. La carte change toutes les semaines, mais on y retrouve souvent deux grands classiques maison : les profiteroles aux gambas sauce champagne et le ravioli de foie gras sauce armagnac. Ou encore, à la fin de l'été, une sublime figue simplement rôtie au four…

***Vieux-Thann** (à 2 km de Thann) • 49, route de Cernay • 03 89 28 16 72 • restaurant-le-bloom.fr • Mar.-sam. 12h-14h30 et 19h-22h • Plat du jour 11 € (midi en sem.).*

VOIR AUSSI P. 152

La Panetière 34

Bars, clubs Sorties

Les Dominicains de Haute-Alsace

Musiques et plus 9

Opéras, concerts de classique, de jazz et de musiques électroniques, cinés-concerts et vidéomapping dans le cadre extraordinaire du couvent des Dominicains, reconverti en Centre culturel de rencontre. Un projet palpitant autour de toutes les musiques, en lien avec les arts numériques.

***Guebwiller** • 34, rue des Dominicains • 03 89 62 21 82 • les-dominicains.com • Programmation de sept. à juil. • Billetterie mar.-ven. 14h-17h.*

Shopping Cadeaux

La Maison Alsacienne de Biscuiterie

Bredele 18 Carte rabat arrière

Place au roi du biscuit traditionnel ! Les boutiques de l'enseigne s'échelonnent le long de la route des vins, de Strasbourg à Colmar. Bretzels à la vanille, étoile à la cannelle (5,50 € les 100 g), liabsti au citron et gingerli au gingembre… De quoi croquer, grignoter et mordiller en bénissant l'Alsace éternelle des bredele (petits gâteaux de Noël).

***Eguisheim** • 12, pl. du Château-Saint-Léon • maison-alsacienne-biscuiterie.com • Ven.-dim. 10h-18h30.*

Domaine Gueth

Vigneronne 19

Chose rare, Muriel Gueth, huitième génération de vignerons, a installé son caveau de dégustation et ses chais modernes en dehors du village, au milieu des vignes. Elle assure l'intégralité de la vinification et signe de son nom de belles cuvées, très personnelles, aux côtés de la gamme familiale plus traditionnelle. Parmi les musts, son gewurztraminer Vieilles Vignes et le pinot gris Grand Cru Goldert (14 €).

***Gueberschwihr** • 1, Brunnmattweg • 06 08 26 43 34 • vin-alsace-gueth.com • T.l.j. 10h-19h.*

Domaine Gueth (Gueberschwihr)

Maison Metzler

Canoie (c'est quoi ?) 20

Superposez des foies gras entiers de canard et d'oie et vous obtenez le « Canoie », recette exclusive qui a valu à la maison de nombreuses médailles. Au rayon Grands Crus, faites-vous plaisir avec un bocal de foie gras d'oie aux figues confites au pinot noir et au pain d'épice (31 €) ou une autre merveille aux raisins marinés au Grand Cru Goldert.

Gueberschwihr *• 2, rue Haute • 03 89 49 24 76 • foiegras-canoie.com • Mer.-dim. 10h-12h30 et 13h30-18h.*

Domaine Ernest Burn

Vins 21

Accroché à la pente à 330 m d'altitude, au lieu-dit Grand Cru Goldert, le clos Saint-Imer est réputé pour ses Vendanges tardives (28-30 €) et ses raisins en surmaturité, qui donnent naissance à de grands vins de garde. Un terroir propice aux cépages nobles alsaciens, travaillé manuellement et en culture raisonnée. Mais aussi de très bons vins blancs AOC Alsace à partir de 8 €.

Gueberschwihr *• 8, rue Basse • 03 89 49 20 68 • domaine-burn.fr • Lun.-sam. 8h30-12h et 13h30-18h30, dim. 15h-18h.*

Domaine Pierre Frick

Vins 22

Jean-Pierre Frick est l'enfant terrible de la viticulture alsacienne : un personnage à découvrir, militant écolo travaillant en biodynamie depuis 40 ans. Et quel talent ! Il produit quelques-uns des meilleurs vins d'Alsace, les plus sains aussi, sur des parcelles choisies des Grands Crus Steinert et Vorbourg.

Pfaffenheim *(à 9 km d'Eguisheim) • 9, rue du Fossé • 03 89 49 62 99 • pierrefrick.com • Lun.-sam. sur r.-v.*

Activités Détente

Alsa Cyclo Tours

Tour guidé à vélo dans le vignoble

Enfourchez votre vélo électrique et laissez-vous guider sur les sentiers viticoles au départ d'Eguisheim ou de Colmar. Vous aurez le choix entre différents tours : « La route des vins d'Alsace » (2h30, 45 €), « À la découverte du vignoble » (3h30, 65 € avec dégustation de vins), « Le tour des gastronomes » (4h, 85 € avec repas traditionnel) et « Le tour des épicuriens » (6h, 110 € avec dégustation de vins et repas traditionnel).

Eguisheim *• 3, rue de Pairis • 03 69 45 92 70 • alsacyclotours.alsace • Boutique ouv. avr.-oct. mar.-dim. • Location de vélo à la demi-journée : 14 € (standard), 25 € (électrique).*

Balade sur la route des Cinq Châteaux

En voiture ou à vélo, cette route touristique permet de découvrir, entre Husseren-les-Châteaux et Wintzenheim, les vestiges de cinq châteaux perchés sur les premières hauteurs des Vosges : les tours ruinées des trois châteaux d'Eguisheim, le château du Hohlandsbourg (p. 126) et la tour du Pflixbourg, cachée dans la forêt (sentier, 10 min à pied). À la clé, un panorama d'exception sur le vignoble et ses petits villages !
Si vous préférez marcher, le sentier « Sur les traces de l'écureuil » offre une balade facile en forêt entre le parking des Trois Châteaux (Eguisheim) et le château du Hohlandsbourg (AR 2h30, balisage patte d'écureuil).

Longueur 7 km • f. mi-nov. - mi-mars • Rens. à l'OT d'Eguisheim (voir p. 88).

Le Train Gourmand du Vignoble

Découverte entre vignes et villages

Partez à la découverte du piémont, d'Eguisheim à Rouffach, à bord d'un petit train : 6h de promenade dans le vignoble comprenant une halte à la table d'orientation de Hattstatt, une visite guidée du village médiéval de Gueberschwihr, une dégustation apéritive sur les hauteurs de Pfaffenheim (découverte d'un des sept Grands Crus du territoire accompagné de bretzels et de kouglof) et une présentation de la place de l'église de Rouffach.

Infos et rés. : 03 89 23 40 33 • ame-du-vignoble.eu • De juin à sept., départ d'Eguisheim (parking de la mairie) à 9h, retour vers 15h, les mardis (circuit Rouffach) et jeudis (circuits Schauenberg, Strangenberg ou d'Osenbach) sauf exception • Billetterie sur place, plein tarif 17 €, gratuit - 12 ans.

Ferme Munsch

Randonner à cheval

Envie de vous dégourdir les sabots ? Niché dans le vallon de Rimbach, au pied du Grand Ballon, le **ranch du Laubenrain** propose aux cavaliers de tous niveaux des balades entre vignes et pâturages, à l'heure, à la demi-journée et à la journée. Possibilité de promenades en calèche à la découverte des villages du coin (1h, 60 € sur rés.).

Jungholtz *(à 6 km de Guebwiller) • 7, rue Creuse • 06 47 16 34 33 • ranchdulaubenrain.ffe.com • Balade à cheval 1h : 15 €.*

Thann

ORGANISER SON WEEK-END

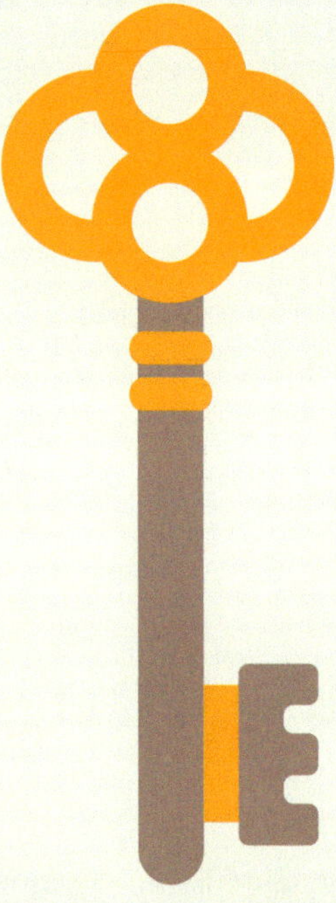

Strasbourg : quai des Bateliers

Quand partir ?

Le **printemps** égaie les coteaux et fleurit les balcons ; en **été**, les foires et fêtes ravivent les communes ; en **automne**, les vendanges exaltent le vignoble et…, en **hiver**, la fête de Noël embrase villes et villages. Bref, il y a toujours une bonne raison de prendre la route !

La région jouit d'un climat semi-continental avec de fortes amplitudes thermiques. En pratique, cela se traduit par des hivers rigoureux, garantissant (presque) toujours un Noël blanc, et des étés parfois torrides. À l'abri des Vosges, l'Alsace est souvent épargnée par la pluie.

Comment y aller ?

En train

Le TGV met Strasbourg à 1h50 de Paris, 2h50 de Lille, 3h40 de Lyon, 5h de Rennes, 5h20 de Nantes, 5h30 de Bordeaux et 5h40 de Marseille. Train direct Paris-Colmar (2h35) ou avec correspondance à Strasbourg (2h55). Liaison Strasbourg-Colmar en 25 min.

oui.sncf.

En voiture

Attention, vous devez avoir une vignette Crit'air de 0 à 4.

De Paris, l'A4 permet de relier Strasbourg. Du nord de la France, on suit l'A1 puis l'A26 jusqu'à Reims, avant de rejoindre l'A4. De l'Ouest et du Sud-Ouest, passer par Paris. Du Sud-Est, prendre l'A7 jusqu'à Lyon puis suivre l'A42 et l'A40 jusqu'à Bourg-en-Bresse. L'A39 puis l'A36 permettent ensuite de rejoindre Besançon où il faut suivre Mulhouse par l'A35.

En avion

De Strasbourg, liaisons directes avec une trentaine de villes de France.

Aéroport international Strasbourg-Entzheim

Entzheim • Route de Strasbourg • 03 88 64 67 67 • strasbourg.aeroport.fr • Train pour le centre-ville (10 min).

Se renseigner

visit.alsace : site officiel du tourisme en Alsace.

routedesvins.alsace : toutes les infos sur la route mythique !

vinsalsace.com : tout connaître sur la dive bouteille.

routes-alsace.com : pour préparer votre itinéraire sur la route des vins.

coze.fr : l'agenda culturel alsacien.

noel.alsace : tout sur la plus belle fête du Grand Est !

alsace-des-petits.fr : activités ludiques, culturelles ou pédagogiques pour les sorties en famille.

destination-alsace.fr : vidéos thématiques, pour s'inspirer.

histoire-alsace.com : de la guerre de 1870 à l'Europe.

alsaceterredechateaux.com : sur la route des châteaux et cités fortifiées d'Alsace.

Où dormir

Strasbourg comme la route des vins offrent un vaste choix d'hôtels, de résidences hôtelières avec coin cuisine, chambres d'hôtes, gîtes, campings, auberges de jeunesse... et différents types d'hébergements sur des propriétés viticoles, permettant de bénéficier de visites et de dégustations privilégiées.

Sites utiles

Consultez les rubriques « Hébergement » de **visitstrasbourg.fr** et **routedesvins.alsace**.

Quelques applis

CTS : trajets, horaires et billets des transports strasbourgeois.

StrasMap : tous les modes de déplacements à Strasbourg.

CityQuizz : jeux de piste pour découvrir Strasbourg, Obernai, Colmar, Kaysersberg, Eguisheim...

Sur la piste des trésors d'Alsace : parcours ludiques et chasses aux trésors.

Go For Lunch : resto, foodtruck, plat du jour... trouvez rapidement un lieu pour déjeuner, sur place ou à emporter.

Schlouk Map : la carte des bars et des happy hours.

Mes routes d'Alsace par GPS (sur madeinalsace.com puis smartphone) : pour préparer votre *road book* sur la route des vins.

Se repérer

Chaque adresse est associée à une pastille de couleur numérotée :

- jaune pour les restaurants,
- violette pour les lieux de sortie,
- rose pour les boutiques.

Toutes les adresses sont positionnées sur les plans.

gites-de-france.com/fr/alsace : comme son nom l'indique !

chambresdhotesdecharme.com : quelques adresses sur la route des vins.

laclefverte.org : le premier label environnemental international pour l'hébergement touristique écologique (plus d'une dizaine d'adresses en Alsace).

Réservation

Les hôtels sont pris d'assaut lors des sessions du Parlement européen et pendant la période du marché de Noël, de fin nov. à fin déc. Les prix peuvent doubler, voire tripler. Réservez très tôt.

Se déplacer à Strasbourg

En tram et en bus

6 lignes de tramway : toutes les 5 à 15 min de 4h30 à 0h30 du lun. au sam., à partir de 5h30 les dim. et j. f.

Titres de transport tram et bus	
Points de vente	Aux bornes du tramway, auprès des conducteurs de bus, à l'agence CTS (9, pl. Saint-Pierre-le-Vieux) et dans les relais CTS (bureaux de tabac et poste).
Ticket aller simple	1,80 € (2 € à bord du bus) ou 3,50 € par deux, avec ou sans correspondance
Ticket 24h Solo	4,60 €, accès illimité au tram et au bus pendant 24h
Ticket 24h Trio	6,90 €, même prestation que le ticket Solo valable pour 2 ou 3 pers.

37 lignes de bus (5h30-23h30) et 3 bus de nuit Hibus (jeu.-sam. 23h30-5h30) desservant tous les lieux de vie nocturne.

Compagnie des transports strasbourgeois

03 88 77 70 70 • cts-strasbourg.eu.

En voiture

À partir de 2022, seuls les véhicules portant une **vignette Crit'air 0-4** peuvent accéder à Strasbourg et aux 33 communes de l'Eurométropole.

Parkings Relais

10 P+R situés à proximité immédiate d'une station de tram ou des lignes de bus G et H. Tarif : 4,20-4,70 € (place de stationnement pour la journée + AR en tram/bus pour l'ensemble des passagers du véhicule, dans la limite de 7 pers.).

cts-strasbourg.eu.

Avis

Pl. de la Gare • 0820 61 16 98 • avis.fr.

Europcar

16, pl. de la Gare • 09 77 40 32 42 • europcar.fr.

Hertz

10, bd de Metz • 03 88 32 57 62 • hertz.fr.

Bateaux sans permis

Marin d'Eau Douce

5, quai du Woerthel • 09 70 71 40 60 • marindeaudouce.fr.

Captain Bretzel

Voir p. 81.

À vélo

Vélhop

Système de vélo partagé à l'heure (1 €) ou à la journée (10 €) aux 20 stations automatiques (paiement par CB, dépôt de garantie de 150 €, prélevé si le vélo n'est pas ramené à la station d'origine dans les 72h).

Pour une location longue durée de vélo classique (plus de 3 j.), vélo électrique, vélo pour enfants, siège bébé, tandem ou vélo-cargo, rendez-vous dans une boutique Vélhop (celle de la gare est au niveau - 1).

velhop.strasbourg.eu

One City Bike

Vélos hollandais, casque et siège enfant inclus : ½ j. (15 €), 1 j. (20 €), 1 w.-e. (30 €).

Petite Rue du Vieux-Marché-aux-Vins • 09 84 46 39 24 • onecity-tours.com.

L'Increvable

Vélo de ville (20 €/j.), VTC (25 €/j.) et vélo-cargo kombi (40 €/j.).

3 pl. de Zurich • 09 38 52 86 44 • lincrevable-cycles.fr.

Infos Covid-19 ⚠

Compte tenu du contexte sanitaire, de nombreux sites et adresses sont amenés à restreindre leurs horaires d'ouverture et à s'adapter à la situation. Nous vous recommandons de vérifier les horaires et conditions de visite de chaque lieu et adresse sur leur site Internet ou leur page Facebook.

Se déplacer sur la route des vins

fluo.eu : le site compile toutes les informations liées au transport sur le territoire du Grand Est (horaires, tarifs, plans des réseaux…) pour organiser vos déplacements en train, tram, autocar, bus, navette, mais aussi à vélo, à pied et en voiture.

En voiture

C'est le moyen de transport de prédilection de la route des vins d'Alsace. De Strasbourg, comptez 1h pour relier Colmar.

Blacksheep-Van Alsace

Pour se lancer sur les petites routes, totalement libre ! Location de Campervan, héritier du fameux combi VW, aménagé pour 2 à 6 pers., modulable à la demande pour l'été et l'hiver (chauffage stationnaire).

Colmar • 3, av. de la Foire-aux-Vins • 09 51 38 88 15 • blacksheep-van.com.

En train

Le TER Strasbourg-Basel dessert Sélestat et Colmar 7 j./7.

Plus lent, le TER Strasbourg-Sélestat dessert Molsheim, Rosheim, Obernai, Barr et Dambach-la-Ville. Également des liaisons Colmar-Turckheim et Colmar-Rouffach.

De Mulhouse, on peut rejoindre Thann, la porte sud de la route des vins, par le tram-train et parcourir la route dans le sens sud-nord.

ter.sncf.com/grand-est.

En bus

De Strasbourg : bus 257 pour Obernai, Ottrott et le mont Sainte-Odile.

De Sélestat : bus 500 pour Kintzheim (Cigoland, Volerie des

Aigles, Montagne des Singes) et le château du Haut-Kœnigsbourg ; bus 510 pour Châtenois ; bus 530 pour Muttersholtz ; bus TER pour Ribeauvillé (6 j./7).

De Colmar : bus 106 (6 j./7) pour Riquewihr, Hunawihr et Ribeauvillé ; bus 145 (6 j./7) pour Katzenthal, Sigolsheim, Kientzheim et Kaysersberg ; bus 157 pour Turckheim et Niedermorschwihr ; bus 440 pour Eguisheim, Rouffach, Soultzmatt et Guebwiller.

De Guebwiller : bus pour Cernay, puis tram-train pour Thann, puis train pour Husseren-Wesserling.

Le bus 451 relie Barr et Andlau.

Kut'Zig

Un petit bus à toit ouvrant vous emmène sur la route des vins avec la possibilité de monter et de descendre autant de fois que vous le souhaitez dans les villes et villages du parcours : Colmar, Ribeauvillé, Hunawihr, Riquewihr, Kaysersberg-Vignoble, Turckheim, Eguisheim et Vœgtlinshoffen. Appli mobile (achat billet, géolocalisation du bus, horaires et commentaires audio).

Départ gare de Colmar* • *03 89 24 76 65 • kutzig.fr • Juil.-sept. ven.-dim. et j. f., passage toutes les 90 min dans chaque ville • 15 € la journée.

À vélo

De Strasbourg, pour rejoindre à vélo la véloroute du Vignoble d'Alsace (p. 14), on peut se rendre à Molsheim, la seconde ville du parcours, par la **véloroute du canal de la Bruche** (env. 1h), une très belle piste toute plate qui longe le canal de Vauban. Sinon, il y a l'option train depuis Strasbourg, Colmar ou Mulhouse (transport gratuit des vélos dans les TER).

alsaceavelo.fr.

Art of Cycle

Sélestat ***• 11, rue du Marteau • 06 04 17 13 56 • Mar., ven.-sam. 10h-18h, mer. et jeu. 14h-18h. 10 €/j.***

Lulu Cycles

Colmar ***• 26-28 av. Jean-de-Lattre-de-Tassigny • 03 89 41 42 66 • Mar.-sam. 9h-12h30 et 14h-17h30 (sam. à partir de 10h).***

Alsa Cyclo Tours

Eguisheim ***• 3, rue de Pairis • 03 69 45 92 70 • alsacyclotours.alsace • Avr.-oct. t.l.j. 9h-18h, sur rés. le reste de l'année.***

Pass

Strasbourg Pass

Voir p. 18.

Colmar City Pass

Voir p. 89.

Pass'Alsace

Valable 24h (25 €), 48h (35 €), 3 j. (45 €) ou 5 j. (60 €), pendant une période de 14 j., ce pass touristique permet de bénéficier d'entrées gratuites et de nombreux avantages dans 55 sites et lieux de visite alsaciens (château du Haut-Kœnigsbourg, parc Cigoland, écomusée d'Alsace...).

pass-alsace.com.

Museums-PASS-Musées

Carte d'accès à 345 musées, châteaux et jardins en France, Allemagne et Suisse, valable 1 an pour 1 adulte et 5 enfants (112 €).

museumspass.com.

Labels de qualité

Vignobles & Découvertes

Sur la route des vins, ce label oriente vers des prestations œnotouristiques de qualité : sentiers viticoles, caves, dégustations, trésors patrimoniaux, hébergements, restaurants, bars à vins, activités...

Plus Beaux Villages de France

Ce classement est attribué aux villages de moins de 2 000 habitants qui mènent une politique de valorisation de leur patrimoine. En 2021, les villages concernés sont Eguisheim, Hunawihr, Mittelbergheim et Riquewihr.

les-plus-beaux-villages-de-france.org.

Jours fériés

En raison du droit local, l'Alsace compte **deux jours fériés supplémentaires** : le Vendredi saint, qui précède le dim. de Pâques, et la Saint-Étienne le 26 déc. La majorité des commerces sont alors fermés.

Villes et Villages fleuris

L'Alsace est connue pour l'exceptionnelle qualité de son fleurissement. Parmi les villes et villages gratifiés du très envié label « Quatre Fleurs », citons notamment Colmar, Eguisheim, Guebwiller, Itterswiller, Marckolsheim et Ribeauvillé.

villes-et-villages-fleuris.com.

Fêtes & festivals

- Par défaut, rens. auprès des OT des localités concernées.
- Voir aussi les fêtes du vin p. 88.

Février

Strasbourg mon amour

Autour de la Saint-Valentin (14 fév.), 10 jours pour fêter les amoureux : soirées festives, gastronomie, concerts, expositions, visites insolites, baignades nocturnes...

strasbourg-monamour.eu.

Mars-Avril

Carnaval de Strasbourg

Grande cavalcade dans le centre-ville : chars, fanfares, majorettes, danseurs et lanceurs de drapeaux.

ST-ART (Strasbourg)

Mi-mars, Foire européenne d'art contemporain et de design au Parc Expo.

st-art.com.

Colmar fête le printemps

Autour du w.-e. de Pâques, marchés d'artisans-créateurs locaux et Festival Musique et Culture (jazz et musique classique).

printemps-colmar.com.

Mai

Festival Pisteurs d'étoiles (Obernai)

Une semaine de jonglage, voltige et spectacles de rue.

pisteursdetoiles.com.

Soirées folkloriques (Colmar)

Le mardi soir de mai à sept., la place de l'Ancienne-Douane vibre au rythme des ensembles folkloriques locaux, et c'est gratuit !

Juin

Foire Saint-Jean (Strasbourg)

La grande fête foraine s'installe pour trois semaines.

L'Industrie magnifique (Strasbourg)

Art et industrie se rencontrent lors d'une exposition à ciel ouvert dans les rues de Strasbourg.

industriemagnifique.com.

Festival international des jardins métissés (Husseren-Wesserling)

De juin à début oct., des jardins éphémères insolites fleurissent sous les mains vertes d'artistes et de créateurs du monde entier au parc de Wesserling.

parc-wesserling.fr.

Un été à Strasbourg

Entre les manèges de la foire Saint-Jean (fin juin-déb. juil.), le Farse-Festival des arts de la rue (août), les concerts folkloriques sur les places de la ville, les Docks d'été (plage urbaine), le ciné en plein air et les illuminations de la cathédrale, l'été strasbourgeois est plein de surprises !

Programme : ete.strasbourg.eu.

Fête de l'Eau (Wattwiller)

Fin juin, un parcours d'art contemporain sur le thème de l'eau dans le village et chez les habitants.

few-art.org.

Slow up Alsace

Journée festive, sportive et gourmande sur des routes exceptionnellement interdites à la circulation, à parcourir à pied, à vélo ou sur des rollers, entre Sélestat, Scherwiller, Dambach-la-Ville, Dieffenthal, Châtenois, Kintzheim, Orschwiller et Bergheim.

slowup-alsace.fr.

Juillet-Août

Festival international de musique de Colmar

La 1re quinzaine de juil., Colmar vibre au son des plus brillants interprètes et étoiles montantes de la scène classique.

festival-colmar.com.

Fête de la Sorcière à Rouffach

Le sam. qui suit le 14 juil., une grande fête médiévale : cervoise, sanglier à la broche et « sentier de l'Étrange », peuplé de créatures inquiétantes...

fete-sorciere.com.

Foire aux Vins d'Alsace (Colmar)

Fin juil.-début août, ce grand festival populaire mêle vins d'Alsace et musique pop internationale.

foire-colmar.com.

Corso fleuri de Sélestat

Cortège de chars fleuris de plus de 500 000 dahlias : une tradition presque centenaire !

corso-fleuri.fr.

Septembre-Octobre

Pfifferdaj - Fête des Ménétriers (Ribeauvillé)

Depuis six siècles, la plus ancienne fête populaire d'Alsace réunit musiciens, troubadours et une foule de curieux le 1er w.-e. de sept. pour célébrer la générosité d'un seigneur du Moyen Âge envers un joueur de fifre. Défilé de chars et de 1 500 figurants en costume (payant le dim.), marché médiéval, bal...

Foire européenne de Strasbourg

Grande foire commerciale au parc des Expositions.

foireurop.com.

Colmar Jazz Festival

Fin sept., artistes confirmés et nouveaux espoirs se produisent à la salle Europe.

festival-jazz.colmar.fr.

Festival de Ribeauvillé

Musique classique : les meilleurs spécialistes des répertoires médiéval, Renaissance et baroque.

Musica (Strasbourg)

Le rendez-vous incontournable des amateurs de musique contemporaine.

festivalmusica.org.

Sélest'art (Sélestat)

Biennale d'art contemporain, les années impaires.

selest-art.fr.

Décembre

Marchés de Noël

De fin nov. à fin déc., la féerie de Noël s'empare de Strasbourg, Colmar et des villages de la route des vins : chalets, animations, concerts...

noel.alsace.

INDEX

Index des activités

Balnéo

Chevaux

Électrique écolo

Gastro

Là-haut

Pinot

Rando

Sur l'eau

Vélo

Et encore...

Crédit photographique

Intérieur

Adobe Stock :
Aurelien : p. 84 • bbsferrari : p. 4 haut • Bernard 63 : p. 37 • bill_17 : p. 121 • borisb17 : p. 133 • Camille : p. 26 • Elenarts : p. 142 • elitravo : p. 56 • fotografci : p. 66, 96 • Franck Legros : p. 106 • guitou60 : p. 118 • hectorchristiaen : p. 72 • ifeelstock : p. 75 bas • ISO-68 : p. 73 • jeancliclac : p. 5 bas • jefwod : p. 123 • Jonathan Stutz : p. 46, 71, 81 • KamikazeKatze : p. 155 • Laurent Didier : p. 124 • Leonid Andronov : p. 22, 148 • Marc Meinau : p. 114 • Marco Desscouleurs : p. 136 • Mikhail Markovskiy : p. 3 • NickMo : p. 5 haut • nicolas : p. 109 • Olympixel : p. 134 • PackShot : p. 90 • PhotoFires : p. 41 • Pierre Violet : p. 153 • Pierre-Jean DURIEU : p. 4 mil. • PRILL Mediendesign : p. 52 • Richard Semik : p. 161 • Rolf : p. 150 • Savvapanf Photo © : p. 24 • Sébastien Closs : p. 11, 83 • tiana_lima_ : p. 95 • Vladimirs Koskins : p. 75 haut • wWeiss Lichtspiele : p. 140 • zuchero : p. 7 haut.

René Mattes : p. 1, 4 bas, 7 bas, 15, 17, 28, 32, 34, 35, 42, 44, 47, 54, 63, 64, 69, 76, 80, 87, 93, 99, 105, 110, 116, 131, 135, 163.

Natasha Penot : p. 8, 9 g., 9 dr., 30, 39, 50, 59, 61, 79, 101, 102, 113, 127, 129, 139, 147, 157, 159, 176.

Couverture

John Arnold Images / hemis.fr : Vignoble à Hunawihr.

Natasha Penot, auteure de cette dernière édition

Entre musique, voyages et écriture, Natasha arpente depuis plus de dix ans les rues des grandes villes pour la collection « Un Grand Week-End ». De son périple en terre alsacienne, elle nous livre ses adresses coups de cœur, débusquées sur les chemins de traverse, qui ont en commun le goût des bonnes et belles choses.

Certains textes ont été adaptés du titre *Strasbourg* (établi par Christèle Dedebant) de cette même collection ainsi que du guide *Alsace* (créé par Christèle Dedebant et Joël Henry) de la collection « Évasion ».

Direction : Sidonie Chollet
Direction éditoriale : Cécile Petiau
Équipe éditoriale : Joël Ambroggi, Marine Barbier-Blin, Béatrice Hemsen, Catherine Laussucq, Émilie Lézénès, Géraldine Péron, Adam Stambul.
Lecture-correction : Fabienne Texier-Pinson
Ont également collaboré à cet ouvrage : Charlotte Brou, Marion Vergnolle
Cartographie : Frédéric Clémençon et Aurélie Huot
Fabrication : Liza Sacco

Conception graphique de la couverture et de la maquette intérieure : Minsk Studio
Illustrations : Minsk Studio

Et tous nos remerciements à Antoine Béon pour son aide et son regard avisé sur la direction artistique de la collection.

Contact presse : rmazef@hachette-livre.fr
Contact publicité et partenariats : partenariat-tourisme@hachette-livre.fr

Aussi soigneusement qu'il ait été établi, ce guide n'est pas à l'abri des changements de dernière heure, des erreurs ou omissions. Ne manquez pas de nous faire part de vos remarques. Informez-nous aussi de vos découvertes personnelles, nous accordons la plus grande importance au courrier de nos lecteurs : weekend@hachette-livre.fr

Édité par Hachette Livre (58, rue Jean-Bleuzen, CS 70007, 92178 Vanves Cedex)
Imprimé par Polygraf en Slovaquie
Achevé d'imprimer : mars 2021
ISBN : 978-2-01-714005-4 - 27-0409-7
Dépôt légal : avril 2021 - Collection n° 44 - Édition : 01